ENCICLOPEDIA
VISUAL
Países del Mundo

ENCICLOPEDIA
○
VISUAL
Países del Mundo

BRIAN WILLIAMS

 EDITORIAL EVEREST, S. A.

Madrid • León • Barcelona • Sevilla • Granada • Valencia
Zaragoza • Las Palmas de Gran Canaria • La Coruña
Palma de Mallorca • Alicante • México • Lisboa

Título original:
Countries of the World a visual factfinder

Traducción:
Marisa Rodríguez Pérez y Ruth Villa Pérez

Responsable de la colección:
Michèle Byam

Editora adjunta:
Cynthia O'Neill

Diseñador de la colección:
Ralph Pitchford

Diseñadora adjunta:
Sandra Begnor

Documentalistas gráficos:
Su Alexander

Colaboradores:
Nicky Barber, Catherine Bradley, Andy Archer,
Janet Woronkowicz y Hilary Bird

SEGUNDA EDICIÓN, primera reimpresión

© Grisewood & Dempsey, Ltd. y EDITORIAL EVEREST, S. A.
Carretera León-La Coruña, km 5 - LEÓN
ISBN: 84-241-1999-1 (Colección completa)
ISBN: 84-241-1998-3
Depósito legal: LE. 567-1999
Printed in Spain - Impreso en España

EDITORIAL EVERGRÁFICAS, S. L.
Carretera León-La Coruña, km 5
LEÓN (España)

BILLÓN EE UU o MILLARDO

Durante muchos años ha habido dos significados para la palabra "billón". En la Europa continental y Gran Bretaña la palabra indica millón de millones; en Estados Unidos indica mil millones. En la actualidad el uso internacional sigue la concepción estadounidense, aunque la Real Academia de la Lengua recomienda el uso de la palabra castellana "millardo"; por ello, todas las referencias a "billón" en este libro se deben tomar como "millardo" o mil millones.

CONTINENTES

A pesar de la habitual división del mundo en seis continentes (Europa, Asia, África, América, Oceanía y la Antártida), la partición mundial de esta obra hace referencia a siete continentes, dividiendo América en Norte y Sur. Con ello pretendemos pormenorizar más en el estudio de vastas zonas del planeta que, en la actualidad, cuentan con realidades muy diferentes.

CONTENIDOS

Sobre esta enciclopedia

Esta enciclopedia ofrece hechos y datos esenciales sobre los continentes, los países de cada continente, y las culturas y modos de vida de los pueblos que viven en esos países. Cada tema aparece interpretado de un modo muy visual con ilustraciones en color, mapas, diagramas y fotografías que complementan el texto.

Los mapas políticos muestran la posición de los países independientes del mundo y aportan hechos actualizados sobre población, lengua, economía y sanidad.

Los cuadros de hechos ofrecen información adicional sobre religiones, lenguas, costumbres, productos, y sistemas de gobierno y sanidad de los países.

Los textos de cabecera introducen cada uno de los continentes, además de temas más especializados sobre las culturas del mundo, y sus sistemas político y económico.

Las ilustraciones muestran escenas y objetos que dan una idea de la gran diversidad de culturas y modos de vida de los pueblos de todo el mundo.

Artes y artesanía

Las artes visuales, pintura y escultura, son artes antiquísimas: existen esculturas y pinturas rupestres de más de 15 000 años de antigüedad. La cerámica y la arquitectura se desarrollaron cuando los hombres se convirtieron por primera vez en agricultores sedentarios, hace aproximadamente 10 000 años. Las artes teatrales incluyen la música, danza, teatro y cine. Las tres primeras tienen sus orígenes en nuestro pasado prehistórico; el cine (y la radio y televisión) es una invención de los siglos XIX y XX. La literatura se inventó hace tan sólo unos 5 000 años.

ARTES VISUALES
Las artes visuales incluyen pintura, escultura, cerámica y textiles. El estilo de las artes tradicionales (alfombras o máscaras, por ejemplo) puede cambiar poco a lo largo de los siglos. Los pintores y escultores han buscado constantemente nuevos modos de expresar su visión del mundo.

◄ Los venecianos son famosos por su genial tradición cristalera, que se remonta al siglo XIII.

◄ Un plato de porcelana americano. También se fabrica porcelana fina en Europa y Asia.

◄ Una máscara ceremonial fabricada por los baluba de África Central.

▲ Esta selección de artesanías del mundo incluye una alfombra confeccionada por los navajo de Nuevo México y Arizona (arriba), un collar ornamental en oro y plata (derecha) de Kashmir, Asia, y una pintura en corteza de árbol (izquierda) hecha por un artista aborigen de Australia.

LAS ARTES TEATRALES
La danza formaba parte del ritual tribal. Evolucionó y dió paso al teatro–literatura representado con palabras y, con frecuencia, acompañado de música. El teatro occidental surgió en la antigua Grecia hace unos 2 500 años. El teatro oriental incluye el kabuki y el noh de Japón. La música escrita más antigua es india, con 3 000 años. El ballet y la ópera tuvieron su origen en la Europa de los siglos XV y XVI.

◄ Actores de kabuki en Japón, donde desde el siglo XVII se representan estos melodramas llenos de color.

► Un músico toca un instrumento importante en la música india, el sitar o laúd indio.

HECHOS SOBRE LAS ARTES
• Los escritores ingleses no utilizaron el inglés hasta el siglo XIV. Los Cuentos de Canterbury de Geoffrey Chaucer (aprox. 1387) marcaron un hito en el uso de la lengua cotidiana.
• Alrededor de 800 000 personas oyeron un concierto al aire libre de la Orquesta Filarmónica de Nueva York, en el Central Park, de Nueva York, en 1986. Esta cifra es la mayor audiencia en un concierto de música clásica.
• Antes que los lápices de grafito se extendieran en el siglo XVII, los artistas dibujaban con una punta de metal sobre papel preparado.
• El piano más antiguo del mundo fue fabricado por el italiano Bartolomeo Cristofori en 1720; en la actualidad se encuentra en el Metropolitan Museum de Nueva York.
• La biblioteca más grande del mundo es la Biblioteca del Congreso de los Estados Unidos, con 97,5 millones de ejemplares.
• Walt Disney (1906–1966), el creador de dibujos animados americano, ganó un récord total de 32 Oscars.
• La talla de la madera es quizá la forma de escultura más conocida de África. Pero los artistas del reino de Benin en

Africa Occidental (1500–1700) produjeron una orfebrería soberbia.
• El primer cine fue inaugurado en el Atlanta Show de Georgia, EE UU, en 1895.
• El grupo pop de mayor éxito hasta nuestros días son los Beatles (John Lennon, Paul McCartney, Ringo Starr y George Harrison) con más de 1 000 millones de cintas y discos vendidos como grupo, y otros tantos millones como solistas.

► El espectáculo ·El Muro· de Pink Floid, celebrado en 1990 en Berlín, Alemania, visto por unas 2 000 000 personas, fue el mayor concierto de rock que jamás se haya celebrado, con más de 600 artistas participantes.

LITERATURA
Los primeros escritos fueron apuntes prácticos y documentos de negocios. La escritura creativa llegó más tarde, en forma de canciones y cuentos que rememoraban hazañas épicas, grandes reyes y antiguas memorias populares. La poesía (más fácil de recitar y recordar) apareció antes que la prosa. Todas las grandes lenguas de Oriente y Occidente tienen literaturas, con sus grandes dramaturgos, novelistas y poetas propios. Los críticos están generalmente de acuerdo al afirmar que el dramaturgo inglés William Shakespeare (1564–1616) es el escritor teatral más insigne del mundo. Además de obras como Romeo y Julieta, Hamlet, Macbeth y El Sueño de una Noche de Verano, es también conocido por su poesía, como los Sonetos (1609).

FESTIVALES DE ARTE
En el pasado, los artistas como músicos y pintores eran respaldados con frecuencia por mecenas adinerados. Hoy día, muy pocos artistas pueden esperar tal apoyo. Los festivales de arte proporcionan lugares de encuentro para que los artistas se reúnan y demuestren su arte y habilidades. Algunos festivales están especializados: el Festival de Jazz de New Port, en Rhode Island, EE UU, por ejemplo, o el Festival de Música de Salzburgo, en Austria, que conmemora la obra de Mozart. Otros, como el Festival de Edimburgo, en Escocia, son escaparates excepcionales para artistas del teatro, artes musicales, artes visuales, comedia y literatura.

► El Edinburgh Festival Fringe –que incluye música, arte, drama y comedia– es el mayor festival anual de las artes del mundo.

Todas las artes:	Edimburgo (Escocia)
	Avignon (Francia)
	Osaka (Japón)
Cine:	Cannes (Francia)
	Berlín (Alemania) Venecia (Italia)
Música:	Salzburgo (Mozart) (Austria)
	Bayreuth (Wagner) (Alemania)
	Aldeburgh (clásica) (Inglaterra)
	Tanglewood (clásica) (EE UU)
	New Port, R.I. (jazz) (EE UU)
	Aix-en-Provence (clásica) (Francia)
Televisión:	Montreux (Suiza)
Teatro:	Stratford (Shakespeare) (Ont., Canadá)

África

África ocupa aproximadamente un quinto de la superficie terrestre de la Tierra, lo que la convierte en el segundo continente más grande después de Asia. Tiene más países que ningún otro continente, la mayoría independientes tan sólo desde la década de 1950. El enorme Desierto del Sáhara divide África geográficamente en norte y sur. Los habitantes del norte son en su mayoría árabes y bereberes. En el sur viven principalmente negros africanos. En conjunto, África es el hogar de unos 800 diferentes grupos lingüísticos, que incluyen pueblos de origen europeo y asiático.

▲ El Kilimanjaro es un volcán extinguido de Tanzania. Una de sus dos cimas, Kibo, es la montaña más alta de África y está siempre coronada de nieve. Las colinas inferiores están cubiertas de densos bosques, un tipo de bosque húmedo que sólo se da a gran altitud.

◄ La Plaza Djema Al Fna se encuentra en el centro de Marrabesh, la tercera ciudad más grande de Marruecos. Marrakesh fue fundada en el año 1062 y es una de las cuatro ciudades capitales tradicionales de Marruecos. Esta gran plaza, un lugar típicamente turístico, está siempre llena de vendedores, mercaderes y artistas callejeros.

DATOS SOBRE ÁFRICA

Número de países: 52
Punto más alto: Kilimanjaro (Tanzania) 5 895 m
Punto más bajo: Lago Assal (Yibuti) 1 655 m por debajo del nivel del mar
Lago más extenso: Victoria, 360 km de longitud, 69 500 km²
Desiertos más grandes: Sahara, Kalahari, Namibia
Regiones más cálidas: Sahara y partes de Somalía (por encima de 45°C)
Río más largo: Nilo (6 670 km, el más largo del mundo)
Otros ríos importantes: Zaire 4 700 km; Níger 4 184 km; Zambeze(3 540 km)
Catarata más grande: Victoria (la más alta, 355 m). Boyoma(mayor caudal, 750 m de anchura)
País más poblado: Sudán
País más poblado: Nigeria
País más industrializado: Sudáfrica
Ciudad más grande: El Cairo (Egipto) 9,8 millones de habitantes
Otras ciudades importantes (en población): Lagos (Nigeria), Kinshasa (Zaire), Alejandría (Egipto), Casablanca (Marruecos)
Isla más grande: Madagascar (587 041 km²)
Civilizaciones más antiguas: Egipto (aprox 3100 a. C.), Kush (aprox. 2000 a. C.)

▶ Las montañas más altas de África se encuentran en la parte oriental del continente africano. El inmenso desierto de la Meseta Sahariana cubre una gran parte del norte de África. El sur y el este de África tienen montañas más altas y pastos. El gran Valle Rift (ver página 37) se extiende desde Etiopía, en el norte, hasta Mozambique, en el sur.

(Mapa)

OCÉANO ATLÁNTICO

ESTRECHO DE GIBRALTAR
Rabat
Casablanca
Túnez
Argel
Constantinopla
MTES. ATLAS
Jebel Toubkal 4 165 m
Tripoli
MAR MEDITERRÁNEO
DESIERTO LÍBICO
Alejandría
El Cairo
DESIERTO DEL SAHARA
MTES. AHAGGAR
Nouakchott
MTES. TIBESTI
L. Nasser
DESIERTO DE NUBIA
MAR ROJO
Islas Cabo Verde
Praia
Timbuktu
Dakar
Banjul
Bissáu
Bamako
Niamey
Uagadougou
ÁFRICA INFERIOR
Jartúm
Conakry
Freetown
Monrovia
L. Chad
N'Djamena
Ras Dashen 4 620 m
Djibouti
GOLFO DE ADÉN
Abidjan
Accra
Lomé
Lagos
Porto Novo
GOLFO DE GUINEA
Malabo
Bangui
Addis Abeba
TIERRAS ALTAS DE ETIOPÍA
Yaundé
Pich Maramba 5 109 m
Turkana
Mogadiscio
Libreville
CUENCA DEL CONGO
Mt. Kenia 5 199 m
Nairobi
OCÉANO ATLÁNTICO
Brazzaville
Kinshasa
L. Eduardo
Kigali
Bujumbura
Mt. Kilimanjaro 5 895 m
OCÉANO ÍNDICO
Dodoma
Dar-es-Salaam
Luanda
ÁFRICA SUPERIOR
L. Tanganyica
MESETA MERIDIONAL
L. Malawi
Lusaka
Lilongwe
Windhoek
L. Kariba
Harare
Cataratas Victoria
Antananarivo
DESIERTO DE NAMIBIA
Gaborone
Pretoria
Mbabane
Maputo
DESIERTO DE KALAHARI
Johannesburgo
Maseru
OCÉANO ÍNDICO
Ciudad del Cabo
CABO DE BUENA ESPERANZA

kilómetros 1 000 800 600 400 200
millas 500 400 200

35

Los cuadros de referencia rápida proporcionan información adicional sobre los países del mundo, incluyendo récords mundiales y otras estadísticas clave.

Los comentarios a ilustraciones facilitan información sobre los pueblos, paisajes, edificios, rasgos naturales y modos de vida de los pueblos del mundo.

Los mapas físicos a gran escala de los siete continentes del mundo muestran grandes ciudades, ríos, mares, montañas y otros rasgos físicos importantes.

Cada país tiene festividades especiales. Estas celebraciones de Nigeria marcan el final del Ramadán.

PAÍSES
— DEL —
MUNDO

L os hechos sobre países y pueblos cambian constantemente. A lo largo de los siglos, las guerras, revoluciones y movimientos independentistas han dado forma al mundo. Los países han cambiado sus nombres, se han unido con sus vecinos, han ganado o perdido territorio. Y al tiempo que cambian los países, también ha cambiado la cultura y modos de vida de los pueblos del mundo. Para entender el mundo en que vivimos, necesitamos un conocimiento detallado, que incluya hechos y datos clave, sobre sus regiones, países, geografía y modos de vida. *Países del Mundo* pone toda esta información en tus manos.

El mundo actual presenta muchas desigualdades, en alimentos, sanidad, fuentes e ingresos, y la división Norte–Sur entre las naciones más ricas y las más pobres hace sombra a la antigua confrontación Este–Oeste de la Guerra Fría. Dos secciones del libro aportan un estudio de los diferentes sistemas políticos y económicos del mundo y destacan zonas clave de conflicto en este siglo XX. En un mundo en constante cambio, *Países del Mundo* está lleno de datos y cifras esenciales sobre los países y pueblos del mundo de hoy.

Brian Williams

EL MUNDO

Continentes y países

La Tierra ha existido durante más de 4 600 millones de años, pero los humanos modernos, *Homo sapiens sapiens*, sólo llevan sobre la Tierra 40 000 años. Las civilizaciones no comenzaron a desarrollarse hasta hace 11 000 años, pero aun en un período tan breve los hombres se han extendido a casi todas las regiones habitables, fundando culturas y naciones. De los siete continentes (África, la Antártida, Asia, Europa, América del Norte,

América del Sur y Oceanía), únicamente la Antártida no tiene asentamientos permanentes. Asia es el continente más grande. Contiene la nación más poblada (China) y la mayor parte del país más grande en extensión (Rusia). Actualmente hay en el mundo más de 170 países independientes reconocidos. Algunos son pequeñas islas como Malta, Naurú o Singapur, otros son países gigantes como Australia, Canadá, China, EE UU, y el mayor de todos, Rusia.

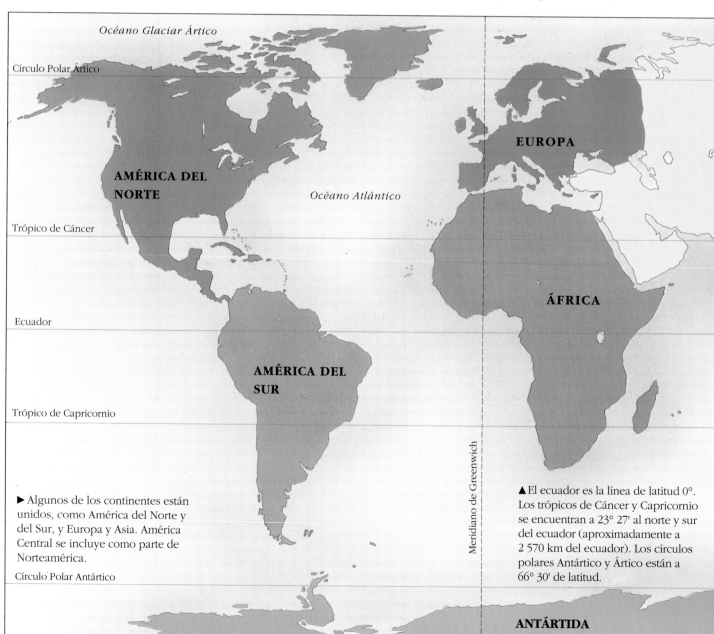

Océano Glaciar Ártico

Círculo Polar Ártico

EUROPA

AMÉRICA DEL NORTE

Océano Atlántico

Trópico de Cáncer

ÁFRICA

Ecuador

AMÉRICA DEL SUR

Trópico de Capricornio

Meridiano de Greenwich

▶ Algunos de los continentes están unidos, como América del Norte y del Sur, y Europa y Asia. América Central se incluye como parte de Norteamérica.

Círculo Polar Antártico

▲El ecuador es la línea de latitud 0°. Los trópicos de Cáncer y Capricornio se encuentran a 23° 27' al norte y sur del ecuador (aproximadamente a 2 570 km del ecuador). Los círculos polares Antártico y Ártico están a 66° 30' de latitud.

ANTÁRTIDA

CONTINENTES	SUPERFICIE (km²)	% DE SUPERFICIE TERRESTRE	POBLACION (MILLONES)	NUMERO DE PAÍSES	PAÍS MÁS GRANDE
AMÉRICA DEL NORTE	24 240 000	16,2	424	23	Canadá
AMÉRICA DEL SUR	17 817 000	11,9	298	12	Brasil
EUROPA	10 534 000	6,6	788 [3]	45 [4]	Rusia[1]
ASIA	44 390 000	30,1	3 173	44	China
ÁFRICA	30 313 000	20,2	657	52	Sudán
OCEANÍA	9 510 000	5,7	26	11	Australia
ANTÁRTIDA	14 000 000	9,3	ninguna[2]	0	–

[1] Parte en Europa, parte en Asia
[2] La población se compone principalmente de científicos
[3] La población incluye Rusia
[4] El número de países incluye 6 estados independientes y 3 estados bálticos (antes parte de la Unión Soviética).

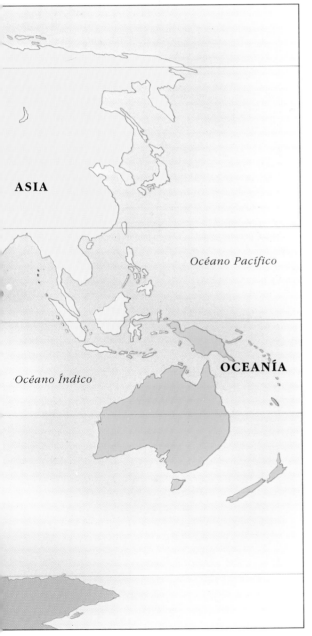

ASIA

Océano Pacífico

Océano Índico

OCEANÍA

Hemisferio Norte

Hemisferio Este

Hemisferio Sur

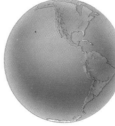

Hemisferio Oeste

LOS HEMISFERIOS

La Tierra es esférica con una línea imaginaria (el ecuador) trazada alrededor de su mitad. El ecuador divide la Tierra en dos partes iguales, los hemisferios Norte y Sur. El meridiano de Greenwich, la línea de longitud 0°, es la línea trazada de Norte a Sur, que divide la Tierra en hemisferios Este y Oeste. Las cuatro ilustraciones muestran los diferentes hemisferios tal como se ven desde el espacio.

LOS CONTINENTES COMPARADOS

Oceanía es el continente más pequeño en superficie y también el que tiene menos gente (excepto la Antártida, que no tiene población humana permanente). Asia, el continente más grande, es cuatro veces mayor que Europa y cubre casi un tercio de la superficie terrestre de la Tierra. África cubre un quinto y América del Norte un sexto. Asia tiene unas cinco veces la población de América del Norte y América del Sur juntas.

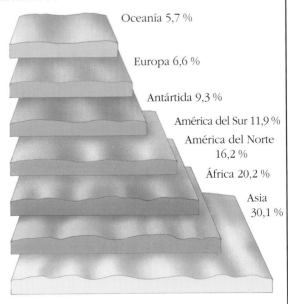

Oceanía 5,7 %

Europa 6,6 %

Antártida 9,3 %

América del Sur 11,9 %

América del Norte 16,2 %

África 20,2 %

Asia 30,1 %

América del Norte

América del Norte es el tercer continente más grande del mundo, después de Asia y África. Tiene una amplia variedad de climas y paisajes, desde los fríos y nieves de Alaska, norte de Canadá y Groenlandia hasta los climas más templados de América Central y de las Islas Caribeñas. El continente tiene dos naciones de gran tamaño: Estados Unidos y Canadá. Estados Unidos es una gran superpotencia mundial. Los países de América Central y del Caribe son más pequeños que EE UU y Canadá, y muchos de ellos son pobres en comparación.

▲ Este lago se encuentra en las Rocosas canadienses de Alberta, Canadá. La cadena montañosa de las Rocosas es el mayor sistema montañoso de Norteamérica. Se extiende desde Nuevo México, al Sur, hasta Alaska y el territorio Yukón de Canadá.

DATOS SOBRE AMÉRICA DEL NORTE

Número de países: 23
Litoral: 148 330 km de largo
Montaña más alta: Mt. McKinley en Alaska, EE UU, 6 194 m.
Punto más bajo: Valle de la Muerte, California, EE UU, 86 m por debajo del nivel del mar
Lugar más cálido: Amos, California, EE UU, con una temperatura máxima de 54,4°C en 1885
Lugar más frío: Bahía Floeberg, Canadá, con una temperatura de −58°C en 1852
Ríos más largos: Mississippi (3 779 km), Missouri (3 726 km), Río Grande (3 034 km), Arkansas (2 348 km)
Lago más extenso: Lago Superior, entre EE UU y Canadá; con 82 103 Km² es el lago de agua dulce más extenso de la Tierra.
Otros lagos extensos: Huron, Michigan, Erie, Ontario, Winnipeg, Gran Lago del Oso, Gran Lago del Esclavo.
Ciudad más grande: Ciudad de México (20 millones de personas)
Ciudades más pobladas: Nueva York, Los Angeles, Chicago, Philadelphia, Miami, Toronto, Detroit.

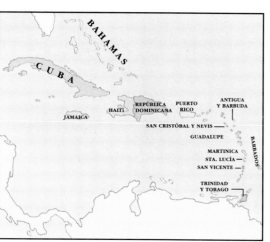

◀ Las Islas Caribeñas forman parte de América del Norte. Hay tres grupos principales de islas: las Bahamas, las Grandes Antillas (Cuba, Jamaica, Haití/República Dominicana y Puerto Rico), y las Pequeñas Antillas.

▶ Chicago es la tercera ciudad más grande de EE UU, así como el lugar de nacimiento de los rascacielos.

América del Norte

MAR DE BERING

OCÉANO GLACIAL ÁRTICO

GROENLANDIA

Islas Reina Elisabeth

BAHÍA DE BAFFIN

Isla de Devon

ESTRECHO DE DAVIS

CUENCA DEL RÍO YUKON

Mt. McKinley 6.194 m

MTES. DE ALASKA

Isla Victoria

Isla de Baffin

Cabo de Buena Esperanza

Mt. Logan 5.951 m

GOLFO DE ALASKA

Yukon

Mackenzie

Gran Lago del Oso

OCÉANO ATLÁNTICO

MAR DEL LABRADOR

Archipiélago Alexander

Gran Lago del Esclavo

BAHÍA DE HUDSON

Labrador

Islas de la Reina Carlota

L. Athabasca

Lago Caribú

Nelson

GOLFO DE SAN LORENZO

COSTERA

Fraser

Edmonton

Saskatchewan

Isla de Cabo Bretón

MONTAÑAS ROCOSAS

Calgary

Vancouver

L. Winnipeg

L. Superior

San Lorenzo

Quebec

Seattle

L. Manitoba

Montreal

CORDILLERA

Columbia

Missouri

Ottawa

L. Huron

Toronto

L. Ontario

Boston

MONTAÑAS DE LAS CASCADAS

GRAN LLANURA

L. Michigan

Cataratas del Niágara

San Francisco

Sacramento

GRAN CUENCA

Des Moines

Detroit

L. Erie

Nueva York

Philadelphia

Platte

Chicago

Washington D.C.

Denver

Springfield

SIERRA NEVADA

Valle de la Muerte

Lincoln

BAHÍA CHESAPEAKE

DESIERTO DE MOJAVE

Arkansas

MTES. APALACHES

Los Ángeles

Nashville

Mt. Elbert 4.399 m

Phoenix

Little Rock

Mississippi

Tennessee

Mt. Mitchell 2.037 m

Dallas

Río Grande

MESETA EDWARDS

OCÉANO PACÍFICO

SIERRA MADRE OCCIDENTAL

DESIERTO DE CHIHUAHUA

Houston

New Orleans

GOLFO DE CALIFORNIA

Miami

Nassau

Cabo San Lucas

GOLFO DE MÉXICO

Paricutín 2.808 m

La Habana

► América del Norte está dividida por las Montañas Rocosas, que se extienden de Norte a Sur. El norte del continente tiene muchos lagos y ríos. Entre los Grandes Lagos se encuentran el Superior, el lago más extenso de América del Norte. El sistema fluvial más importante es el Mississippi–Missouri.

México, D.F.

San Juan

Puerto Príncipe

Santo Domingo

Orizaba 5.700 m

Kingston

Belmopan

MAR DEL CARIBE

Guatemala

Tegucigalpa

San Salvador

Managua

San José

Panamá

Canal de Panamá

0   200 400 600 800 1 000 kilómetros

0   200   400   600   millas

PAÍS	SUPERFICIE (km²)	POBLACIÓN	CAPITAL	IDIOMA
Antigua y Barbuda	433	64 000	St John's	Inglés
Bahamas	13 933	251 000	Nassau	Inglés
Barbados	430	260 000	Bridgetown	Inglés
Belice	22 964	180 400	Belmopán	Inglés, español
Canadá	9 970 610	26 527 000	Ottawa	Inglés, francés
Costa Rica	50 695	3 032 000	San José	Español
Cuba	114 516	10 582 000	La Habana	Español
Dominica	751	85 000	Roseau	Inglés
EE UU	9 372 571	251 394 000	Washington D. C	Inglés
El Salvador	21 392	5 221 000	San Salvador	Español
Granada	344	84 000	St George's	Inglés
Guatemala	108 880	9 340 000	Guatemala	Españo
Haití	27 747	6 409 000	Puerto Príncipe	Francés, créole
Honduras	112 079	5 261 000	Tegucigalpa	Español
Jamaica	10 960	2 513 000	Kingston	Inglés, créole
México	1 972 545	88 335 000	México, D. F.	Español
Nicaragua	129 990	3 606 000	Managua	Español, inglés
Panamá	75 643	2 423 000	Panamá	Español
República Dominicana	48 730	7 253 000	Santo Domingo	Español
San Cristobal y Nevis	269	44 000	Basseterre	Inglés
San Vicente y Granadinas	389	115 000	Kingstown	Inglés
Santa Lucía	617	151 000	Castries	Inglés
Trinidad y Tobago	5 128	1 233 000	Puerto España	Inglés

ESTADOS UNIDOS

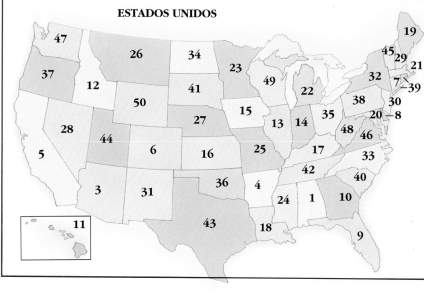

ESTADOS NORTEAMERICANOS Y SUS CAPITALES

1 **Alabama** — Montgomery
2 **Alaska** — Juneau
3 **Arizona** — Phoenix
4 **Arkansas** — Little Rock
5 **California** — Sacramento
6 **Colorado** — Denver
7 **Connecticut** — Hartford
8 **Delaware** — Dover
9 **Florida** — Tallahassee
10 **Georgia** — Atlanta
11 **Hawai** — Honolulu
12 **Idaho** — Boise
13 **Illinois** — Springfield
14 **Indiana** — Indianapolis
15 **Iowa** — Des Moines
16 **Kansas** — Topeka
17 **Kentucky** — Frankfort
18 **Louisiana** — Baton Rouge
19 **Maine** — Augusta
20 **Maryland** — Annapolis
21 **Massachusetts** — Boston
22 **Michigan** — Lansing
23 **Minnesota** — St Paul
24 **Mississippi** — Jackson
25 **Missouri** — Jefferson City
26 **Montana** — Helena
27 **Nebraska** — Lincoln
28 **Nevada** — Carson City
29 **New Hampshire** — Concord
30 **New Jersey** — Trenton

PRODUCTOS PRINCIPALES E INDUSTRIAS	MONEDA
Turismo	Dólar del Caribe
Turismo, ron, banca	Dólar de Bahamas
Ron, melaza, turismo	Dólar de Barbados
Azúcar, madera	Dólar de Belice
Minerales, madera, cereales, productos manufacturados	Dólar
Café	Dólar
Azúcar, melaza, plátanos, pescado	Peso cubano
Plátanos, fruta, turismo	Dólar del Caribe
Alimentos, minerales, productos manufacturados	Dólar
Café, algodón	Colón
Cacao, nuez moscada, plátanos	Dólar del Caribe
Café, minerales	Quetzal
Café, azúcar	Gourde
Plátano, café, madera	Lempira
Bauxita, plátanos, azúcar, turismo	Dólar de Jamaica
Petróleo, minerales, textiles, acero	Peso
Café, algodón, carne	Nuevo Córdoba
Tráfico por el Canal, banca, plátanos, arroz, azúcar	Balboa
Azúcar, minerales	Peso dominicano
Azúcar, turismo	Dólar del Caribe
Plátanos, arrurruz, turismo	Dólar del Caribe
Plátanos, cacao, textiles	Dólar del Caribe
Petróleo, azúcar, cacao, café	Dólar de T. y T.

LAS 13 PRIMERAS COLONIAS NORTEAMERICANAS

1 Massachusetts
2 New Hampshire
3 Rhode Island
4 Connecticut
5 Nueva York
6 Pennsylvania
7 New Jersey
8 Delaware
9 Maryland
10 Virginia
11 Carolina del N.
12 Carolina del S.
13 Georgia

Los Estados Unidos crecieron a partir de 13 colonias fundadas por los colonos británicos en el siglo XVII. La primera colonia fue Virginia, que se convirtió en 1607 en un asentamiento permanente, a la que siguió Massachusetts (1620), New Hampshire (1623) y Nueva York (1624). La última de las 13 colonias fue Georgia (1733). Las colonias británicas se asentaron en la costa este. Hacia el oeste y sur se asentaron los territorios franceses y españoles. Las trece colonias rompieron con el gobierno inglés en 1776, en una histórica Declaración de Independencia.

CANADÁ: PROVINCIAS Y TERRITORIOS

PROVINCIAS
1 **Alberta**
  Edmonton
2 **Columbia Británica**
  Victoria
3 **Manitoba**
  Winnipeg

4 **New Brunswick**
  Fredericton
5 **Terranova**
  St John's
6 **Nueva Escocia**
  Halifax
7 **Ontario**
  Toronto

8 **Isla del Príncipe Eduardo**
  Charlottetown
9 **Quebec**
  Quebec
10 **Saskatchewan**
  Regina
TERRITORIOS
11 **Territorios del Noroeste**
  Yellowknife
12 **Territorio Yukon**
  Whitehorse

31 **Nuevo México**
  Santa Fé
32 **Nueva York**
  Albany
33 **Carolina del Norte**
  Raleigh
34 **Dakota del Norte**
  Bismarck
35 **Ohio**
  Columbus
36 **Oklahoma**
  Oklahoma City
37 **Oregón**
  Salem
38 **Pennsylvania**
  Harrisburg
39 **Rhode Island**
  Providence
40 **Carolina del Sur**
  Columbia

41 **Dakota del Sur**
  Pierre
42 **Tennessee**
  Nashville
43 **Texas**
  Austin
44 **Utah**
  Salt Lake City
45 **Vermont**
  Montpelier
46 **Virginia**
  Richmond
47 **Washington**
  Olympia
48 **Virginia Occidental**
  Charleston
49 **Wisconsin**
  Madison
50 **Wyoming**
  Cheyenne

▶ *Canadá tiene 10 provincias y 2 territorios. En 1867, Estados Unidos compró Alaska a Rusia. En 1959, Alaska se convirtió en el estado norteamericano número 49.*

América del Norte

América del Norte es un continente de grandezas y espectacularidades, con algunas de las ciudades más grandes y maravillas naturales más impresionantes del mundo. Sus gentes son tan variadas como sus paisajes. Los primeros americanos emigraron desde Asia hace miles de años. Se extendieron por todo el continente, formando asentamientos y construyendo ciudades. Los europeos llegaron por primera vez en el siglo XVI creando los Estados Unidos de América en 1776. Canadá se independizó del Reino Unido en 1867.

▲ El río más largo de EE UU, el Mississippi, transporta más del 40 % de las mercancías norteamericanas del interior.

▼ A la ciudad de San Luis se la llamó una vez la «Puerta del Oeste». El pórtico se encuentra sobre el río que atraviesa la ciudad.

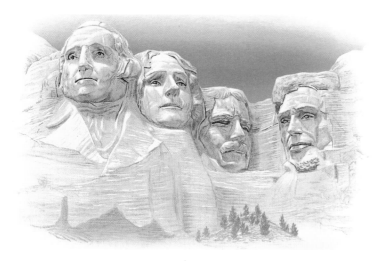

▲ Las caras de cuatro presidentes norteamericanos están talladas sobre un acantilado de granito en el Mt. Rushmore, en Dakota del Sur.

◄ Mercado semanal en la isla caribeña de Granada. Anteriormente fue una colonia inglesa, consiguiendo su independencia en 1974.

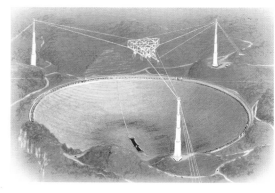

▲ El radiotelescopio más grande del mundo mide casi 305 m de diámetro y se encuentra en Arecibo, Puerto Rico.

◄ El Gran Cañón fue erosionado por el río Colorado. Se trata de la garganta terrestre más grande del mundo.

► Old Faithful, en el Parque Nacional de Yellowstone, es un géiser que expulsa un chorro de agua caliente de 45 m de altura cada 73 minutos.

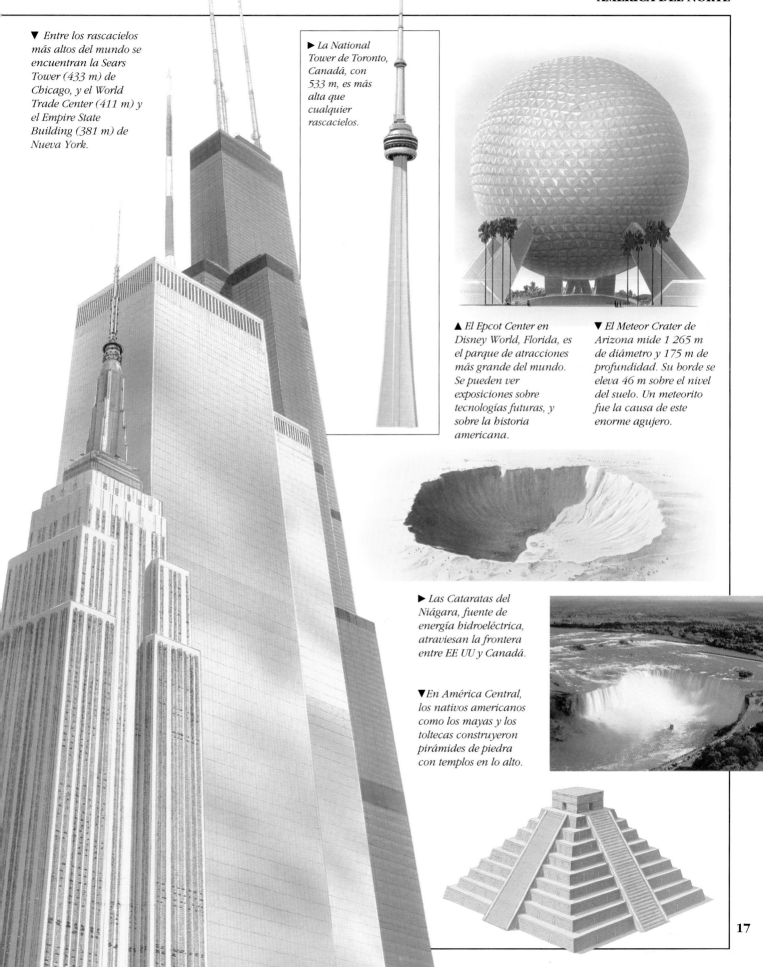

▼ *Entre los rascacielos más altos del mundo se encuentran la Sears Tower (433 m) de Chicago, y el World Trade Center (411 m) y el Empire State Building (381 m) de Nueva York.*

▶ *La National Tower de Toronto, Canadá, con 533 m, es más alta que cualquier rascacielos.*

▲ *El Epcot Center en Disney World, Florida, es el parque de atracciones más grande del mundo. Se pueden ver exposiciones sobre tecnologías futuras, y sobre la historia americana.*

▼ *El Meteor Crater de Arizona mide 1 265 m de diámetro y 175 m de profundidad. Su borde se eleva 46 m sobre el nivel del suelo. Un meteorito fue la causa de este enorme agujero.*

▶ *Las Cataratas del Niágara, fuente de energía hidroeléctrica, atraviesan la frontera entre EE UU y Canadá.*

▼ *En América Central, los nativos americanos como los mayas y los toltecas construyeron pirámides de piedra con templos en lo alto.*

América del Sur

América del Sur, el cuarto continente más grande, es la parte más extensa de Latinoamérica. La mayor parte del continente se encuentra escasamente poblada, incluyendo la región de la Selva Tropical Amazónica y la elevada Cordillera de los Andes. Las mesetas centrales incluyen pastos, conocidos como llanos en el norte y pampas en el Sur. Aproximadamente el 75 % de los sudamericanos habitan en las ciudades. Sudamérica es rica en recursos naturales, pero muchas personas del campo y de la ciudad viven en la pobreza.

▲ *La maravillosa casa de la ópera de Manaos, Brasil, fue construida con el dinero procedente del auge de la industria gomera de 1890 a 1912.*

▼ *En la capital de Argentina, Buenos Aires, el barrio artístico de Boca es conocido por sus casas pintadas.*

SELVA TROPICAL AMAZÓNICA

El bosque pluvial del Amazonas es la selva tropical más grande del mundo y el hogar de miles de especies de aves, mamíferos, reptiles e insectos. También hay más de 40 000 variedades de plantas. Sin embargo, la mayor parte de este bosque pluvial está ahora siendo talado por granjeros y nuevos colonos.

◄ *En los países sudamericanos como Brasil, la cría de ganado es un gran negocio. Los gauchos son los «cowboys» de las pampas, o llanuras. Se trata de una raza de sangres mezcladas: la europea y la india.*

MAR DEL CARIBE

OCÉANO ATLÁNTICO

Nevado
del Ruiz
5 400 m

GOLFO
DE PANAMÁ

L. Maracaibo

Orinoco

Cataratas del
Salto del Angel

Georgetown

Paramaribo

Cayenne

Magdalena

LLANOS

TIERRAS ALTAS DE GUYANA

Isla Maracá

Isla Marajó

OCÉANO PACÍFICO

Bogotá

Branco

Negro

Japurá

Amazonas

REGION PLUVIAL DE AMAZONAS

Cabo San Roque

Quito

Chimborazo
6 267 m

Marañon

Ucayli

Yavari

Purus

Madeira

Tapajós

Tocantins

Araguaia

Cataratas
Paulo
Alfonso

Sao Francisco

► *Los dos rasgos geográficos principales de América del Sur son la Cordillera de los Andes, que bordea el lateral oeste del continente, y la Cuenca del Amazonas con su gran sistema de afluentes. Las tierras azotadas por el viento en el sur se encuentran muy poco pobladas.*

Huascarán
6 763 m

Lima

Ucayali

**MESETA DEL
MATO GROSSO**

SIERRA DOS PARECIS

**TIERRAS ALTAS
DE BRASIL**

Coropuma
6 425 m

Lago Titicaca

La Paz

El Misti
5 822 m

Sucre

*Lago
Poopó*

**GRAN
CHACO**

Brasilia

Pilcomayo

Rio de Janeiro

A N D E S

DESIERTO DE ATACAMA

Asunción

Cataratas
del Iguazú

Sao Paulo

Iguazú

Cabo Frio

Ojos del Salado
6 880 m

Salado

Paraná

Uruguay

*Lago
Mirim*

OCÉANO PACÍFICO

Cerro Aconcagua
6 960 m

Montevideo

Santiago

Tupungato
6 800 m

**Buenos
Aires**

PAMPAS

RÍO DE LA PLATA

Cabo San
Antonio

Negro

**Archipiélago
de los Chonos**

PATAGONIA

Cabo Tres Puntas

Islas Malvinas

**Archipiélago
Reina Adelaida**

**Tierra del
Fuego**

Estrecho de Magallanes

Cabo de Hornos

Georgia del Sur

kilómetros 0 200 400 600 800 1 000

millas 0 200 400 600

**DATOS SOBRE
AMÉRICA DEL SUR**

Numero de países: 12

Montañas más altas: Los Andes, con más de 7 200 km de longitud; la cordillera más larga sobre la Tierra.

Punto más alto: Cerro Aconcagua en los Andes (al oeste de Argentina), 6 960 m.

Región más seca: Desierto de Atacama, entre el sur de Ecuador y el centro de Chile.

Río más largo: Amazonas, 6 448 km. Otros ríos importantes: Magdalena, Orinoco.

Cataratas más altas: Cataratas del Salto del Angel, Venezuela, 978 m.

Lago más extenso: Maracaibo, en Venezuela, con 16 300 Km²; Titicaca, a 3 812 m, es el lago de mayor altitud sobre la Tierra.

País más grande y más poblado: Brasil.

Ciudades más pobladas: Sao Paulo, Río de Janeiro, Buenos Aires, Lima y Bogotá.

PAÍS	SUPERFICIE (km²)	POBLACIÓN	CAPITAL	IDIOMA
Argentina	2 766 889	32 880 000	Buenos Aires	Español
Bolivia	1 098 581	7 400 000	La Paz	Español, aimara, quichua
Brasil	8 511 965	150 368 000	Brasilia	Portugués
Chile	756 945	13 173 000	Santiago	Español
Colombia	1 141 748	32 978 000	Bogotá	Español
Ecuador	269 178	10 782 000	Quito	Español
Guyana	215 083	756 000	Georgetown	Inglés, hindi, urdu
Paraguay	406 752	4 277 000	Asunción	Español
Perú	1 285 216	22 332 000	Lima	Español, aimara, quichua
Surinam	163 265	411 000	Paramaribo	Holandés
Uruguay	176 215	3 033 000	Montevideo	Español
Venezuela	912 050	19 735 000	Caracas	Español

▲ La Cordillera de los Andes se eleva al oeste de América del Sur. Es la cadena montañosa más larga del mundo situada por encima del nivel del mar, con muchos picos que sobrepasan los 6 000 m.

◄ Una estatua llamada el Cristo Redentor domina la bahía de Río de Janeiro, el puerto natural más exquisito de América del Sur. Otro de los distintivos de Río es la montaña Pan de Azúcar.

▲ Totoras en el lago Titicaca, el lago navegable más alto del mundo. El Desierto de Atacama (abajo) es la región más seca de América del Sur, extendiéndose desde el sur de Perú hasta el norte de Chile.

PRODUCTOS PRINCIPALES E INDUSTRIAS	MONEDA
Cereales, lana, aceites vegetales, carne	Austral
Gas natural, metales (cinc, estaño, oro)	Peso boliviano
Café, azúcar, ganado, productos textiles	Nuevo Cruceiro
Cobre, fruta, pescado, papel	Peso chileno
Café, plátanos, minerales	Peso colombiano
Petróleo, gambas, plátanos	Sucre
Bauxita, azúcar, arroz	Dólar de Guyana
Algodón, alubias de soja, carne, café, madera	Guaraní
Café, azúcar, minerales	Inti
Aluminio, gambas, arroz	Florín de Surinam
Productos textiles, carne, pieles	Nuevo peso uruguayo
Petróleo, gas natural	Bolívar

◄ *La catedral de Brasilia. La ciudad se construyó para ser la capital de Brasil, reemplazando a Río de Janeiro.*

▲ *Las Cataratas del Salto del Angel: el agua cae a plomo por un acantilado del Monte Auyantepui al sudeste de Venezuela.*

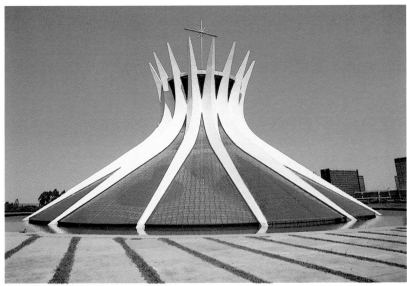

► *Los incas de Perú construyeron en las montañas la ciudad fortaleza de Machu Picchu, perdida hasta 1911, año en que fue redescubierta.*

► *Mercado de Ambato en Quito, la segunda ciudad más grande de Ecuador. Quito es famosa por sus mercados semanales al aire libre. Situados en diferentes zonas de la ciudad, atraen grandes multitudes. La mayoría de los mercados de la ciudad se especializan en artículos específicos.*

Europa

Europa es el segundo continente más pequeño, sin embargo tan sólo Asia tiene mayor población. Europa es, por tanto, el continente más poblado. Es el lugar de nacimiento de la civilización occidental y, a través del comercio, contactos culturales y colonizaciones ha tenido una inmensa influencia sobre el mundo. Su mapa ha sido trazado varias veces a lo largo de la historia. Los cambios en la década de 1990 incluyen el crecimiento de la Unión Europea; la unificación de Alemania; el desmembramiento de la Unión Soviética, Checoslovaquia y Yugoslavia.

DATOS SOBRE EUROPA

Número de países: 45
Población: 788 000 000
Ciudades más pobladas:
Moscú (Rusia) 8 967 000; París (Francia) 8 707 000; Londres (RU) 6 735 000
Punto más alto: Mt. Elbrus, en los Montes del Cáucaso en Rusia, 5 633 m.
Punto más bajo: Litoral del Mar Caspio, 28 m por debajo del nivel del mar.
Ríos más largos: Volga, Rusia, 3 531 km. El Danubio fluye a través de Alemania, Austria, Checoslovaquia, Hungría, Serbia, Bulgaria, Rumanía.
Lago más extenso: Mar Caspio, 438 695 km².
País más extenso: Rusia.
País independiente más pequeño: Ciudad del Vaticano.
Isla más grande: Gran Bretaña (Inglaterra, Gales y Escocia), 218 041 km².

▶ *Europa es la parte occidental de la masa terrestre llamada Eurasia. Se extiende hacia el Este desde el Océano Atlántico hasta los Urales y contiene aproximadamente el 20 % de la población mundial.*

MAR DE BARENTS

Reykjavik

Murmansk

MAR DE NORUEGA

Islas Faeroes

Islas Shetlands

Islas Orcadas

Glittertind 2 470 m

Glama

Dalalven

GOLFO DE BOTNIA

Oslo

Estocolmo

Helsinki

San Peters

Tallin

Riga

Vilnius

Minsk

MAR BÁLTICO

Neman

Ben Nevis 1 343 m

Belfast

Edimburgo

MAR DEL NORTE

Copenhague

Dublín

MAR DE IRLANDA

Severn

Cardiff

Támesis

Londres

Hamburgo

Amsterdam

La Haya

Elba

Berlín

Oder

Varsovia

Vistula

Bug

Uzh

Neman

CANAL DE LA MANCHA

Bruselas

París

Sena

Rhin

Frankfurt

Praga

Luxemburgo

Loira

Yonne

Viena

CARPATOS

GOLFO DE VIZCAYA

Allier

Berna

Munich

Vaduz

Budapest

Burdeos

MACIZO CENTRAL

PIRINEOS

ALPES

Matterhorn

Mt. Blanc 4 478 m

4 807 m

Liubliana

ALPES DINÁRICOS

Venecia

Zagreb

Belgrado

Bucarest

Ebro

Duero

Marsella

Ródano

Po

MAR ADRIÁTICO

Sarajevo

BALCANES

Tajo

Madrid

Andorra

Mónaco

Tíber

Sofía

Lisboa

Barcelona

Córcega

Roma

Tirana

OCÉANO ATLÁNTICO

Islas Baleares

APENINOS

Nápoles

Mt. Olimpus 2 917 m

MAR EGEO

Guadalquivir

Cerdeña

MAR TIRRENO

Gibraltar

Atenas

Sicilia

M A R   M E D I T E R R Á N E O

Malta

Creta

| 0 | 200 | 400 | 600 | 800 | kilómetros |

| 0 | 100 | 200 | 300 | 400 | 500 | millas |

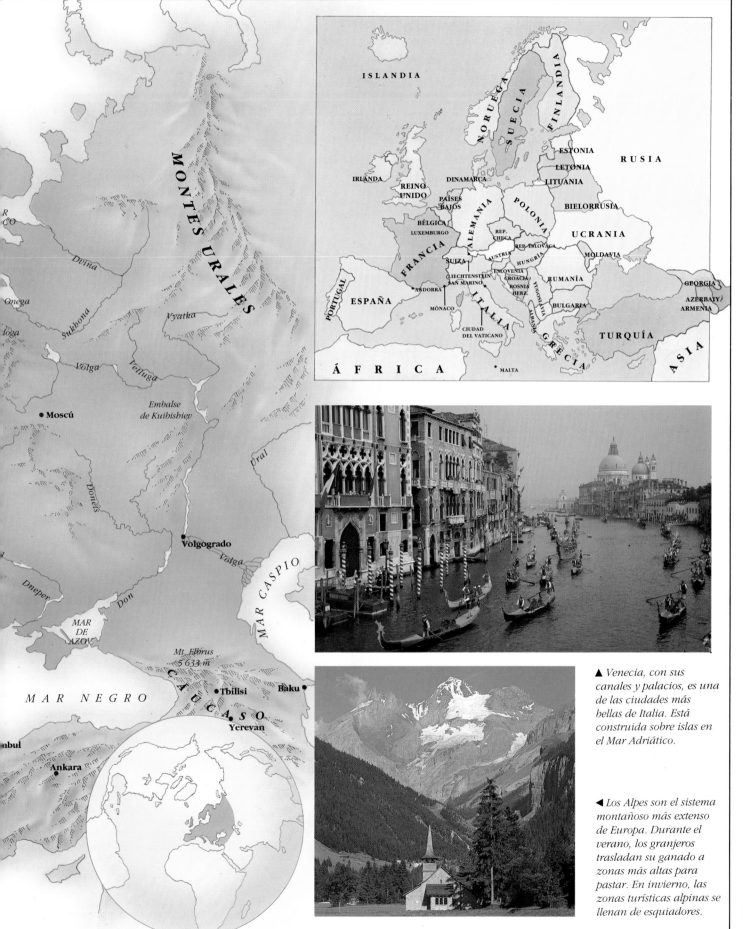

MONTES URALES

Dvina

Onega

Sukhona

Vyatka

Vetluga

loga

Volga

R̥
ÇO

ISLANDIA

NORUEGA

SUECIA

FINLANDIA

ESTONIA

LETONIA

LITUANIA

RUSIA

IRLANDA

DINAMARCA

REINO UNIDO

PAÍSES BAJOS

BÉLGICA

LUXEMBURGO

FRANCIA

ALEMANIA

REP. CHECA

POLONIA

BIELORRUSIA

UCRANIA

MOLDAVIA

SUIZA

AUSTRIA

REP. ESLOVACA

HUNGRIA

LIECHTENSTEIN

SAN MARINO

ESLOVENIA

CROACIA

BOSNIA HERZ.

RUMANÍA

ANDORRA

ITALIA

YUGOSLAVIA

GEORGIA

AZERBAIYÁ

ARMENIA

PORTUGAL

ESPAÑA

MÓNACO

CIUDAD DEL VATICANO

ALBANIA

BULGARIA

GRECIA

TURQUÍA

ASIA

ÁFRICA

MALTA

Embalse de Kuibishiev

● **Moscú**

Ural

● **Volgogrado**

Volga

MAR CASPIO

Dneper

Don

Donéts

MAR DE AZOV

MAR NEGRO

Mt. Elbrus 5 633 m

CÁUCASO

Tbilisi ●

Baku ●

Yerevan

bul

● **Ankara**

▲ *Venecia, con sus canales y palacios, es una de las ciudades más bellas de Italia. Está construida sobre islas en el Mar Adriático.*

◄ *Los Alpes son el sistema montañoso más extenso de Europa. Durante el verano, los granjeros trasladan su ganado a zonas más altas para pastar. En invierno, las zonas turísticas alpinas se llenan de esquiadores.*

PAÍS	SUPERFICIE (km²)	POBLACIÓN	CAPITAL	IDIOMA
Albania	28 748	3 278 000	Tirana	Albanés
Alemania	357 050	78 000 000	Berlín	Alemán
Andorra	468	50 900	Andorra la Vella	Catalán, francés, español
Armenia	29 800	3 376 000	Yerevan	Armenio, ruso
Austria	83 856	7 623 000	Viena	Alemán
Azerbaiyán	86 600	7 137 000	Baku	Azerbaijaní, ruso
Bélgica	30 518	9 958 000	Bruselas	Flamenco, francés
Bielorrusia	207 600	10 260 000	Minsk	Bielorruso, ruso
Bosnia–Herzegovina	51 129	4 479 000	Sarajevo	Serbo–croata
Bulgaria	110 994	8 997 000	Sofía	Búlgaro, turco
Ciudad del Vaticano	44 Ha.	750	Ciudad del Vaticano	Italiano, latín
Croacia	56 538	4 683 000	Zagreb	Serbo–croata
Dinamarca	40 093	5 139 000	Copenhague	Danés
Eslovenia	20 251	1 943 000	Liubliana	Esloveno
España	504 783	38 959 000	Madrid	Español
Estonia	45 100	1 573 000	Tallin	Estonio
Finlandia	338 145	4 978 000	Helsinki	Finés
Francia	543 965	56 647 000	París	Francés
Georgia	2 717 300	16 538 000	Tbilisi	Georgiano, ruso
Grecia	131 944	10 141 000	Atenas	Griego
Holanda	41 863	14 934 000	Amsterdam	Holandés
Hungría	93 030	10 563 000	Budapest	Húngaro
Irlanda	70 285	3 509 000	Dublín	Irlandés, inglés
Islandia	102 819	256 000	Reykjavik	Islandés
Italia	301 277	57 512 000	Roma	Italiano
Letonia	64 500	2 681 000	Riga	Letón, ruso
Liechtenstein	160	28 700	Vaduz	Alemán
Lituania	65 200	3 690 000	Vilnius	Lituano, ruso
Luxemburgo	2 856	379 000	Luxemburgo	Luxemburgués, francés
Malta	316	353 000	Valletta	Maltés, inglés
Moldavia	33 700	4 341 000	Kishinev	Moldavo, ruso
Mónaco	1,9	29 300	Mónaco	Francés, monegasco
Noruega	323 878	4 246 000	Oslo	Noruego (dos formas)

PRODUCTOS PRINCIPALES E INDUSTRIAS	MONEDA
Minerales, productos alimenticios	Lek
Ingeniería, productos químicos y textiles, vehículos	Marco alemán
Turismo, productos de consumo	Peseta española
Productos químicos, agricultura, maquinaria	Rublo
Maquinaria, productos de consumo, turismo	Chelín
Petróleo, hierro, acero, productos textiles	Rublo
Metales, productos químicos y textiles, cerámica	Franco belga
Ganadería, madera	Rublo
Agricultura, productos químicos, maquinaria	Dinar
Alimentos, vino, tabaco	Lev
Ninguno	Lira
Agricultura, maquinaria, productos textiles, prendas de vestir	Dinar
Productos lácteos y químicos, cerveza	Corona danesa
(No disponibles)	Dinar
Alimentos, vino, manufactura, banca	Peseta
Petróleo, fertilizantes, madera y maquinaria	Rublo
Productos madereros, ingeniería, pescado	Marco finés
Alimentos, vino, ingeniería, productos de consumo	Franco francés
Minería, agricultura	Rublo
Alimentos, prendas de vestir, productos petrolíferos	Dracma
Alimentos, flores, manufacturación, gas natural	Florín holandés
Maquinaria, alimentos, productos de consumo	Forint
Productos manufacturados, alimentos	Libra irlandesa
Pescado	Corona islandesa
Alimentos, vino, productos textiles, ingeniería, vehículos	Lira
Maquinaria, equipamiento eléctrico, alimentos procesados	Rublo
Turismo, banca, ingeniería de precisión	Franco suizo
Productos químicos, metales, equipamiento eléctrico	Litas
Hierro, acero	Franco de Lux.
Reparación naval, turismo	Lira maltesa
Agricultura, alimentos, productos químicos	Rublo
Propiedades, banca, turismo	Franco francés
Gas natural, petróleo, madera, pescado	Corona noruega

LA UNIÓN EUROPEA

Quince países pertenecen a la Unión Europea (UE), y otros países europeos aspiran a su integración. Nombrada por los países de la UE, la Comisión se reúne en Bruselas, Bélgica. Aquí sus miembros planean una política común para la Unión, desarrollándose ahora en un área de libre comercio y en una organización de gran entramado político.

◀ *La Comisión de la UE es el cuerpo que inicia las propuestas de la Unión. Su sede está en Bruselas, Bélgica.*

CAMBIOS EN EUROPA DEL ESTE

La antigua Unión Soviética de 15 repúblicas se dividió en 1990–1991. Los primeros en separarse fueron los estados bálticos de Estonia, Lituania y Letonia. Los estados eslavos son Rusia, Ucrania y Bielorrusia. Las repúblicas transcaucasianas son Armenia, Georgia y Azerbaiyán. Moldavia por su idioma e historia es parte de Rumanía. Las repúblicas centroasiáticas existieron en el imperio ruso, anterior a 1917.

▲ *La Unión Soviética se dividió en 15 repúblicas independientes. Rusia es la mas extensa. La mayor parte de su territorio se sitúa en Asia.*

▼ *El Museo Le Hermitage, en otro tiempo el Palacio de Invierno, se encuentra en San Petersburgo (antes Leningrado).*

PAÍSES	SUPERFICIE (km²)	POBLACIÓN	CAPITAL	IDIOMA
Polonia	312 677	38 064 000	Varsovia	Polaco
Portugal	92 389	10 388 000	Lisboa	Portugués
Reino Unido	244 110	57 384 000	Londres	Inglés
República Checa	78 865	10 299 000	Praga	Checoslovaco
República Eslovaca	49 035	5 269 000	Bratislava	Eslovaco
Rumanía	237 500	23 265 000	Bucarest	Rumano, húgaro
Rusia	17 075 400	147 386 000	Moscú	Ruso
San Marino	61	23 000	San Marino	Italiano
Suecia	449 964	8 529 000	Estocolmo	Sueco
Suiza	41 293	6 756 000	Berna	Alemán, francés, italiano, romanche
Ucrania	603 700	51 800 000	Kiev	Ucraniano, ruso
*Yugoslavia (antigua)	95 493	8 590 000	Belgrado	Serbo–croata

*En 1992 la república federal de Yugoslavia dejó de existir. Serbia deseó mantener un gran estado yugoslavo serbio; el futuro de las repúblicas más pequeñas es incierto.

► Amsterdam es la capital de Holanda. Está construida sobre islas, separadas por sus famosos canales.

◄ El Edificio LLoyd fue diseñado por Richard Rogers y terminado en 1986. Se encuentra en la «city» de Londres, corazón financiero del Reino Unido y un importante centro del comercio mundial.

▲ La Torre Eiffel en París fue construida en 1889 para conmemorar el centenario de la Revolución Francesa.

◄ El túnel San Gotthard, que atraviesa los Alpes suizos, es el más largo del mundo (16,32 km).

PRODUCTOS PRINCIPALES E INDUSTRIAS	MONEDA
Maquinaria, productos químicos y textiles, alimentos	Zloty
Alimentos, pescado, caucho, textiles, manufactura	Escudo
Manufactura, petróleo, banca, turismo	Libra esterlina
Maquinaria, vehículos, productos de consumo	Corona checa
Agricultura, productos alimenticios, productos madereros	Corona eslovaca
Minerales, manufactura, madera	Lev
Manufactura, turismo	Rublo
Maíz, ganado porcino, acero, productos manufacturados	Lira italiana
Uranio, hierro, madera, pulpa, ingeniería	Corona sueca
Manufactura, ingeniería, banca	Franco suizo
Industria pesada, agricultura	Grivna
Agricultura, prendas de vestir, productos textiles	Dinar

▲ *La estatua más alta del mundo, de 82 metros de altura, se encuentra en Volgogrado (Stalingrado), Rusia.*

▲ *La ciudad de Cracovia, en otro tiempo capital de Polonia, tiene muchos edificios históricos en su centro.*

▼ *Stonehenge, un monumento de piedra inglés de 4 000 años de antigüedad, fue posiblemente un templo.*

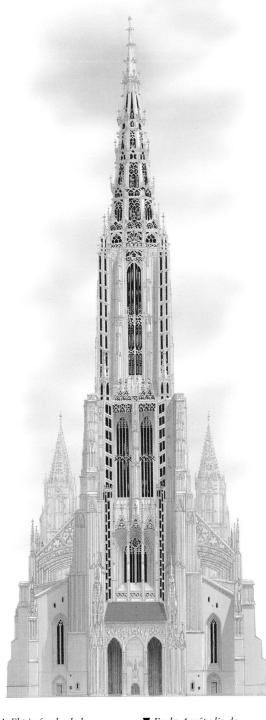

◄ *Estos viñedos están en la Toscana, una región de Italia notable por su belleza. Italia es el primer país productor de vino de la UE, seguido por Francia y España.*

▲ *El pináculo de la catedral de Ulm, al sur de Alemania, con casi 16 m de altura, es el más elevado del mundo.*

▼ *En la Acrópolis de Atenas se encuentra el Partenón, el templo más famoso construido por los antiguos griegos.*

Asia

Aproximadamente el 60 % de la población de la Tierra vive en Asia. El más extenso de todos los continentes acoge las montañas más altas del mundo, además de largos ríos, desiertos, llanuras, tierras polares, bosques y selvas tropicales. Las religiones más grandiosas comenzaron en Asia, al igual que las primeras civilizaciones. Desde la II Guerra Mundial (1939–1945), Asia ha conocido: un alzamiento económico en los estados del Golfo y Japón; una guerra en Corea, Vietnam y en el Oriente Medio; y una pobreza agravada por los desastres naturales como las inundaciones de Bangladesh.

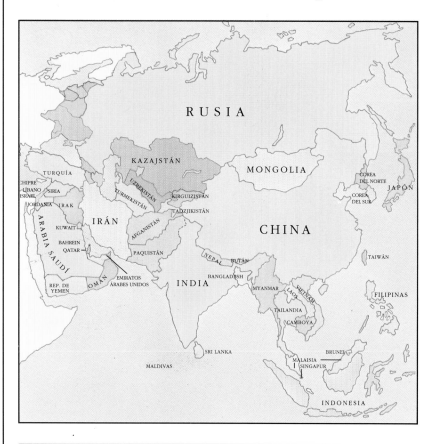

DATOS SOBRE ASIA

Número de países: 44
Punto más alto: Mt. Everest (8 848 m). Otros puntos más altos: Mt. Kanchejunga (8 598 m); todos en los Montes Himalaya
Río más largo: Chang Tiang (Yangtze), 6 300 km. Otros ríos importantes: Yenisey (5 540 km), Huang He (5 464 km), Ob Istysh (5 409 km), Lena (4 400 km), Mekong (4 350 km)
Punto más bajo: Mar Muerto, 339 m por debajo del nivel del mar
Desiertos más extensos: Gobi, Kara, Kum, Rub al Khali, Takli, Makan

Lago más extenso: Mar Caspio, 1 225 km de largo, 371 800 km²
País más grande (excluyendo Rusia, que en su mayor parte está en Europa): China
País más poblado: China
Ciudad más grande: Tokio–Yokohama (Japón). Otras ciudades importantes (en población): Seúl (Corea del Sur), Osaka, Kobe–Kyoto (Japón), Bombay y Calcuta (India), Manila (Filipinas), Yakarta (Indonesia); todas sobrepasan los 9,5 millones de personas

▼ *El Templo de Byodin se encuentra cerca de Kyoto, una gran ciudad en la Isla Honshu, en Japón. De 794 a 1868, Kyoto fue la capital de Japón y un importante centro religioso y cultural. Muchos de los antiguos templos y palacios de la ciudad escaparon a los bombardeos de la II Guerra Mundial.*

ESTRECHO DE BERING

MAR DE LAPTEV

MAR DE KARA

MAR DE BERING

MTES. CHERSKI

LLANURA DE SIBERIA CENTRAL

Lena

Yenisey

Ob-Irtysh

LLANURA DE SIBERIA OCCIDENTAL

MAR DE OKHOTSK

MTES. STANOVOY

MTES. YABLONOY

CORDILLERA SIJOTE

Amur

L. Baikal

MTES. GRAN HINGAN

MAR DEL JAPÓN

ESTEPA DEL HAMBRE

MTES. CELESTES

Ulan Bator

MTES. ALTAI

L. Balkhash

DESIERTO DEL GOBI

Alma Ata

Frunze
ashkent

MTES. TIEN SHAN

ushanbe

Mt. Fuji
3 776 m

Tokio-
Yokohama

Osaka-Kobe-
Kyoto

Pyongyang

Pekín

Seúl

Tientsin

MAR AMARILLO

MESETA DE
LOS PAMIRES

K2
8 611 m

TAKLI MAKAN

CO. KARAKORUM

Islamabad

LLANURA DEL TIBET

Amarillo

Shanghai

MAR DE CHINA ORIENTAL

Yangtse

MTES. HIMALAYA

Nueva Delhi

Katmandú

Mt. Everest
8 848 m

Timbu

Brahmaputra

Hkakabo Razi
5 881 m

Taipei

OCÉANO PACÍFICO

SIERTO
E THAR

Ganges

Daca

Mandalay

Hanoi

Macao (Portugal)

Hong Kong (RU)

Calcuta

Irrawaddy

MESETA DECCAN

GHATES ORIENTALES

Irrawaddy

Vientiane

Mekong

Manila

Bombay

GHATES OCCIDENTALES

GOLFO DE BENGALA

Yangón

Bangkok

MAR DE CHINA MERIDIONAL

MAR DE SULU

Pnom Penh

GOLFO DE TAILANDIA

Saigón

0   400   800   1 200   1 600   kilómetros

0   200   400   600   800   1 000   millas

MAR DE ADAMÁN

MAR DE LAS CÉLEBES

Banda Seri

Colombo

◄ *Las regiones principales de Asia son Asia Sudoriental, Asia del Sur (incluyendo India), Asia Oriental (incluyendo China y Japón) y Asia del Norte (que incluye la mayor parte de Rusia). Las montañas del Himalaya y cordilleras adyacentes forman la gran frontera natural de Asia, dividiendo el continente en norte y sur.*

OCÉANO ÍNDICO

Kuala Lumpur

MAR DE BANDA

◄ *La antigua ciudad de Sana es la capital de la República de Yemen, en la Península Arábiga. Muchos de sus edificios poseen decoraciones distintivas de yeso blanco.*

Singapur

MAR DE JAVA

MAR DE FLORES

Yakarta

29

PAÍS	SUPERFICIE (km²)	POBLACIÓN	CAPITAL	IDIOMA
Afganistán	652 225	15 592 000	Kabul	Pashto, dari
Arabia Saudí	2 149 690	14 131 000	Riyadh	Árabe
Bahrein	692	503 000	Manama	Árabe
Bangladesh	143 998	113 005 000	Dacca	Bengalí
Brunei	5 765	258 000	Banda Seri	Malayo
Bután	47 000	1 442 000	Timbu	Dzongkha
Camboya	181 916	8 592 000	Pnom Penh	Khmer, francés
China	9 572 900	1 133 683 000	Pekín	Chino mandarín
Chipre [1]	9 251	739 000	Nicosia	Griego, turco
Corea del Norte	122 370	22 937 000	Pyongyang	Coreano
Corea del Sur	98 484	42 791 000	Seúl	Coreano
Emiratos Árabes Unidos	83 600	1 881 000	Abu Dhabi	Árabe
Filipinas	300 000	61 483 000	Manila	Filipino, inglés
India	3 166 414	853 373 000	Nueva Delhi	Hindi, inglés y otros
Indonesia	1 904 000	180 783 000	Yakarta	Bahasa, indonesio
Irán	1 648 196	56 923 000	Teherán	Farsi, azerbaiyaní
Irak	435 052	17 754 000	Bagdad	Árabe, kirdish
Israel [2]	20 700	4 666 000	Jerusalén	Hebreo, árabe
Japón	377 708	123 700 000	Tokio	Japonés
Jordania	97 740	3 169 000	Amman	Árabe
Kazajstán	2 717 300	16 793 000	Alma Ata	Turco
Kirguizistán	198 500	4 291 000	Bishek	Turco
Kuwait	17 818	2 143 000	Kuwait	Árabe
Laos	236 800	4 024 000	Vientiane	Lao
Líbano	10 230	2 965 000	Beirut	Árabe
Malaisia	329 749	17 886 000	Kuala Lumpur	Malayo bahasa
Maldivas	298	214 000	Male	Divehi
Mongolia	1 565 000	2 150 000	Ulan Bator	Mongol
Myanmar	676 552	41 675 000	Yangon	Burmese
Nepal	147 181	18 910 000	Katmandú	Nepalí
Omán	212 457	1 468 000	Mascate	Árabe
Paquistán	796 095	122 666 000	Islamabad	Urdu
Qatar	11 427	444 000	Doha	Árabe

PRODUCTOS PRINCIPALES E INDUSTRIAS	MONEDA
Cereales, frutos secos, lana, algodón	Afgani
Petróleo	Riyal
Petróleo, gas natural	Dinar
Arroz, yute, té	Taka
Gas natural, petróleo	Dólar de Brunei
Alimentos, madera	Ngultrum
Arroz	Riel
Arroz, minerales, pescado, productos manufacturados	Yuán
Alimentos, vino, turismo	Libra chipriota
Minerales, alimentos, productos textiles	Won
Vehículos, productos textiles, industria naval, acero, pescado	Won
Petróleo	Dirham
Electrónica, prendas de vestir, productos agrícolas, madera	Peso
Té, algodón, azúcar, yute, carbón, productos manufacturados	Rupia
Petróleo, gas natural	Rupia de Indonesia
Petróleo, productos textiles, alfombras	Rial iraní
Petróleo, dátiles	Dinar iraquí
Fruta, hortalizas, turismo	Nuevo Shekel
Vehículos, maquinaria, electrónica, químicos y textiles	Yen
Potasio	Dinar de Jordania
Cereales, algodón, petróleo	Rublo
Algodón	Rublo
Petróleo, productos químicos, fertilizantes	Dinar
Productos agrícolas, madera, café, estaño	Kip
Joyas, prendas de vestir, productos farmacéuticos	Libra Libanesa
Manufactura, aceite de palma, petróleo, caucho, estaño	Dólar de Malaisia
Pescado, prendas de vestir	Rupia
Carbón, metales, productos agrícolas	Tugrik
Teca, arroz	Kyat Main
Alimentos, productos manufacturados	Rupia
Petróleo	Rial
Algodón, productos textiles y químicos, alimentos	Rupia
Petróleo, productos químicos	Riyal

EL SUBCONTINENTE INDIO

La civilización del subcontinente indio comenzó en el Valle del Indo hace aproximadamente 5 500 años. Entre los siglos IV y VI, y XVI y XVIII los gobernadores (mogol) hindúes e islámicos crearon imperios poderosos. Entre 1700 y 1947 la mayor parte de este territorio pertenecía a la India británica. En 1947 India (en su mayor parte hindú) y Paquistán (islámica) se convirtieron en repúblicas independientes. Bangladesh, anteriormente Paquistán Oriental, también se separó, logrando su independencia en 1971.

▲ *Devotos hindúes vienen a bañarse al río sagrado Ganges en Varanasi (Benares).*

▼ *El Taj Mahal, en la India, fue construido (1630–1650) por el emperador mogol Shah Jahan como monumento funerario para su esposa.*

PAÍS	SUPERFICIE (km²)	POBLACIÓN	CAPITAL	IDIOMA
Singapur	581	2 702 000	Singapur	Chino, inglés, malayo, tamil
Siria	185 180	12 116 000	Damasco	Árabe
Sri Lanka	65 610	17 103 000	Colombo	Cingalés, tamil
Tadzjikistán	143 100	5 358 000	Dushanbe	Tadzhik
Tailandia	514 000	56 147 000	Bangkok	Thai
Taiwán	36 000	20 262 000	Taipei	Chino
Turmekistán	488 100	3 622 000	Ashkhabad	Turkic
Turquía	777 452³	56 941 000	Ankara	Turco
Uzbekistán	447 400	20 708 000	Tashkent	Uzbek
Vietnam	329 556	66 111 000	Hanoi	Vietnamita
Yemen	531 869	11 546 000	Sana	Árabe

▼ *El templo hindú de Angkor Wat, Camboya (construido entre 1113 y 1150) es la estructura religiosa de mayor extensión del mundo.*

▼ *El puerto de Singapur es la llave de la prosperidad económica de la pequeña ciudad estado.*

▲ *La Ciudad Prohibida era la parte central del palacio del emperador chino en Beijing (Pekín).*

PRODUCTOS PRINCIPALES E INDUSTRIAS	MONEDA
Equipos de comunicación, prendas de vestir, petróleo	Dólar de Singapur
Petróleo, productos químicos y textiles	Libra siria
Té, caucho, piedras preciosas	Rupia de Sri Lanka
Algodón	Rublo
Productos textiles, arroz, caucho, tapioca y teca	Baht
Electrónica, prendas de vestir, productos plásticos	Dólar de Taiwán
Algodón	Rublo
Productos textiles, alimentos, metales	Lira turca
Algodón	Rublo
Carbón, productos agrícolas, ganadería, pescado	Dong
Café, pieles, alimentos, tabaco	Dinar, rial

▲ *El petróleo ha hecho ricos a muchos países de Oriente Medio, a pesar de faltarles muchos otros recursos. Esta refinería se encuentra en Arabia Saudí, la mayor productora de la región.*

▼ *Este tren circula por el ferrocarril Transiberiano, que se extiende desde Moscú en Europa, hasta Vladivostock en Asia. Es la línea de ferrocarril más larga del mundo.*

[1] Dividido desde 1974. La República Turca del Norte de Chipre no está reconocida por la ONU.
[2] Excluye el territorio ocupado en la guerra de 1967.
[3] 23 764 Km² en Europa.

◄ *Tren de alta velocidad japonés con forma de bala. El eficiente sistema de ferrocarril japonés incluye el túnel de ferrocarril más largo del mundo, el Túnel Seikan (54 km); la primera prueba de recorrido tuvo lugar en 1988.*

◄ *La Gran Muralla China, con 2 400 km, es la estructura más extensa jamás construida. Fue levantada como un muro defensivo en torno al año 210 a. C. También se utilizó como ruta de transporte.*

► *Jerusalén es una ciudad sagrada para los cristianos, judíos y musulmanes.*

África

África ocupa aproximadamente un quinto de la superficie terrestre de la Tierra, lo que la convierte en el segundo continente más grande después de Asia. Tiene más países que ningún otro continente, la mayoría independientes tan sólo desde la década de 1950. El enorme Desierto del Sáhara divide África geográficamente en norte y sur. Los habitantes del norte son en su mayoría árabes y bereberes. En el sur viven principalmente negros africanos. En conjunto, África es el hogar de unos 800 diferentes grupos lingüísticos, que incluyen pueblos de origen europeo y asiático.

▲ El Kilimanjaro es un volcán extinguido de Tanzania. Una de sus dos cimas, Kibo, es la montaña más alta de África y está siempre coronada de nieve. Las colinas inferiores están cubiertas de densos bosques nube, un tipo de bosque húmedo que sólo se da a gran altitud.

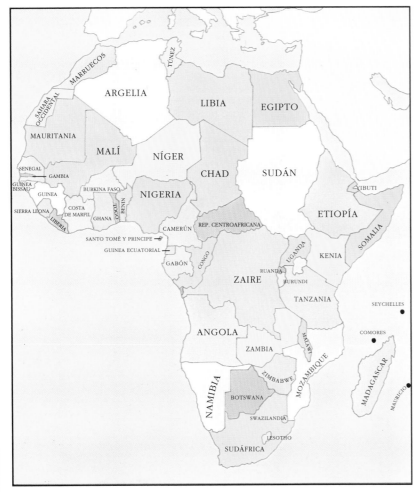

◀ La Plaza Djema Al Fna se encuentra en el centro de Marrakesh, la tercera ciudad más grande de Marruecos. Marrakesh fue fundada en el año 1062 y es una de las cuatro ciudades capitales tradicionales de Marruecos. Esta gran plaza, un lugar típicamente turístico, está siempre llena de vendedores, mercaderes y artistas callejeros.

DATOS SOBRE ÁFRICA

Número de países: 52
Punto más alto: Kilimanjaro (Tanzania) 5 895 m
Punto más bajo: Lago Assal (Yibuti) 1 655 m por debajo del nivel del mar
Lago más extenso: Victoria, 360 km de longitud; 69 500 km²
Desiertos más grandes: Sahara, Kalahari, Namibia
Regiones más cálidas: Sahara y partes de Somalia (por encima de 45°C)
Río más largo: Nilo (6 670 km, el más largo del mundo)
Otros ríos importantes: Zaire 4 700 km; Níger 4 184 km; Zambeze (3 540 km)
Catarata más grande: Victoria (la más alta, 355 m); Boyoma (mayor caudal, 730 m de anchura)
País más grande: Sudán
País más poblado: Nigeria
País más industrializado: Sudáfrica
Ciudad más grande: El Cairo (Egipto) 9,8 millones de habitantes
Otras ciudades importantes (en población): Lagos (Nigeria), Kinshasa (Zaire), Alejandría (Egipto), Casablanca (Marruecos)
Isla más grande: Madagascar (587 041 km²)
Civilizaciones más antiguas: Egipto (aprox. 3100 a. C.), Kush (aprox. 2000 a. C.)

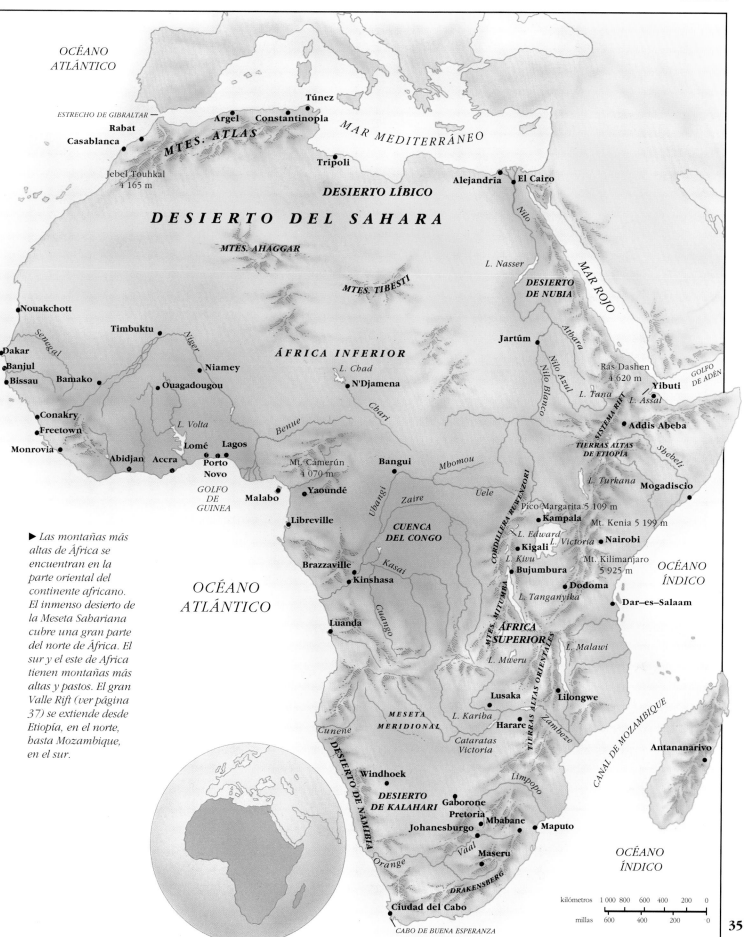

OCÉANO ATLÁNTICO

ESTRECHO DE GIBRALTAR —

Rabat
Casablanca

MTES. ATLAS

Jebel Touhkal
4 165 m

Túnez

Argel **Constantinopla**

MAR MEDITERRÁNEO

Trípoli

Alejandría **El Cairo**

DESIERTO LÍBICO

D E S I E R T O   D E L   S A H A R A

MTES. AHAGGAR

MTES. TIBESTI

Nilo

L. Nasser

DESIERTO DE NUBIA

MAR ROJO

Nouakchott

Senegal

Timbuktu

Niger

Jartúm

Atbara

Rás Dashen
4 620 m

GOLFO DE ADÉN

Dakar
Banjul
Bissau
Bamako

Niamey

Ouagadougou

ÁFRICA INFERIOR

L. Chad

N'Djamena

Nilo Azul

Nilo Blanco

L. Tana

L. Assal

Yibuti

SISTEMA RIFT

Addis Abeba

TIERRAS ALTAS DE ETIOPÍA

Sbebeli

Conakry
Freetown
Monrovia

L. Volta

Lomé **Lagos**

Abidjan **Accra**

Porto Novo

Benue

Chari

Mt. Camerún
4 070 m

Bangui

Mbomou

Uele

L. Turkana

Mogadiscio

Malabo

GOLFO DE GUINEA

Yaoundé

Ubangi

Zaire

Pico Margarita 5 109 m

Kampala

Mt. Kenia 5 199 m

Libreville

CUENCA DEL CONGO

L. Edward

L. Victoria

Nairobi

CORDILLERA RUWENZORI

Kigali

L. Kivu

▶ *Las montañas más altas de África se encuentran en la parte oriental del continente africano. El inmenso desierto de la Meseta Sahariana cubre una gran parte del norte de África. El sur y el este de África tienen montañas más altas y pastos. El gran Valle Rift (ver página 37) se extiende desde Etiopía, en el norte, hasta Mozambique, en el sur.*

Brazzaville

Kinshasa

Kasai

Bujumbura

Mt. Kilimanjaro 5 925 m

Dodoma

L. Tanganyika

Dar–es–Salaam

OCÉANO ÍNDICO

OCÉANO ATLÁNTICO

Luanda

Cuango

MTES. MITUMBA

ÁFRICA SUPERIOR

L. Mweru

L. Malawi

TIERRAS ALTAS ORIENTALES

Lusaka

Lilongwe

MESETA MERIDIONAL

L. Kariba

Harare

Zambeze

Cunene

Cataratas Victoria

Limpopo

CANAL DE MOZAMBIQUE

Antananarivo

DESIERTO DE NAMIBIA

Windhoek

DESIERTO DE KALAHARI

Gaborone

Pretoria

Mbabane

Johanesburgo

Maputo

Orange

Vaal

Maseru

DRAKENSBERG

OCÉANO ÍNDICO

Ciudad del Cabo

CABO DE BUENA ESPERANZA

kilómetros 1 000 800 600 400 200 0

millas 600 400 200 0

PAÍS	SUPERFICIE (km²)	POBLACIÓN	CAPITAL	IDIOMA
Angola	1 246 700	10 002 000	Luanda	Portugués
Argelia	2 381 714	25 337 000	Argel	Árabe, francés
Benin	112 600	4 741 000	Porto–Novo	Francés
Botswana	581 730	1 295 000	Gaberones	Tswana, inglés
Burkina Faso	274 200	9 012 000	Ouagadougou	Francés
Burundi	27 834	5 439 000	Bujumbura	Kirundi, francés
Camerún	475 442	11 742 000	Yaoundé	Francés, inglés
Chad	1 284 000	5 678 000	N'Djamena	Árabe, francés
Comores	1 862	463 000	Moroni	Árabe, francés
Congo	342 000	2 236 000	Brazzaville	Francés
Costa de Marfil	320 763	12 657 000	Abidjan	Francés
Egipto	997 739	53 170 000	El Cairo	Árabe, francés
Etiopía	1 221 900	50 341 000	Addis Abeba	Amárico
Gabón	267 667	1 171 000	Libreville	Francés
Gambia	10 689	860 000	Banjul	Inglés
Ghana	238 533	15 020 000	Accra	Inglés
Guinea	245 857	6 876 000	Conakry	Francés
Guinea–Bissau	36 125	973 000	Bissau	Portugués
Guinea Ecuatorial	28 051	3 511 000	Malabo	Español
Islas Cabo Verde	4 033	339 000	Praia	Portugués
Kenia	582 646	24 872 000	Nairobi	Swahili, inglés
Lesotho	30 355	1 760 000	Maseru	Sesotho, inglés
Liberia	111 370	2 595 000	Monrovia	Inglés
Libia	1 759 540	4 206 000	Trípoli	Árabe
Madagascar	587 041	11 980 000	Antananarivo	Malgache, francés
Malawi	118 484	8 831 000	Lilongwe	Chichewa, inglés
Malí	1 240 192	8 152 000	Bamako	Francés
Marruecos	458 730	25 113 000	Rabat	Árabe
Mauricio	2 040	1 080 000	Port Louis	Inglés
Mauritania	1 030 700	2 000 000	Nouakchott	Árabe, francés
Mozambique	799 380	15 696 000	Maputo	Portugués
Namibia	823 144	1 302 000	Windhoek	Afrikaans, inglés
Níger	1 267 000	7 779 000	Niamey	Francés, hausa

PRINCIPALES PRODUCTOS E INDUSTRIAS	MONEDA
Petróleo, productos animales y vegetales	Kwanza
Petróleo, alimentos procesados	Dinar argelino
Petróleo, productos de palma	Franco CFA
Minerales, productos ganaderos	Pula
Oro, manganeso, mijo, cacahuetes	Franco CFA
Café, té, algodón	Franco de Burundi
Petróleo, café, cacao, aluminio	Franco CFA
Algodón, uranio	Franco CFA
Vainilla, copra, perfume	Franco de Comores
Petróleo, madera diamantes	Franco CFA
Café, cacao, diamantes	Franco CFA
Petróleo, algodón, productos textiles	Libra egipcia
Café, pieles, ganado,legumbres	Birr
Petróleo, madera, manganeso	Franco CFA
Productos derivados del cacahuete, pescado, turismo	Dalasi
Cacao, oro, madera	Cedi
Bauxita, diamantes, oro	Franco de Guinea
Anacardos, cacahuetes	Peso de Guinea
Cacao, madera	Franco CFA
Plátano, café, pescado	Escudo
Café, té, productos petrolíferos, turismo	Chelín de Kenia
Lana, alimentos, artículos manufacturados	Loti
Mena de hierro, caucho, madera	Dólar liberiano
Petróleo	Dinar
Café, vainilla, clavo	Franco malgache
Tabaco, té, azúcar	Kwacha
Algodón, ganado, frutos secos	Franco CFA
Alimentos, fosfatos, fertilizantes	Dirham
Textiles, azúcar, diamantes, pescado	Rupia de Mauricio
Pescado, mena de hierro	Ouguiya
Gambas, anacardos, algodón, azúcar	Metical
Diamantes, ganado, pieles	Rand sudafricano
Uranio, otros minerales, ganado, vegetales	Franco CFA

REPARTO COLONIAL DE ÁFRICA

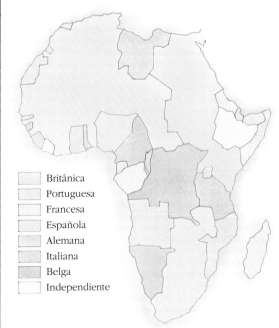

- Británica
- Portuguesa
- Francesa
- Española
- Alemana
- Italiana
- Belga
- Independiente

A finales del siglo XIX, la mayor parte de África estaba repartida entre las potencias europeas. El mapa de África fue trazado por los constructores de imperios y las fronteras coloniales han dado forma a los límites de las naciones independientes del África moderna. Como consecuencia, los límites nacionales dividen las tierras y lugares de más de 800 grupos étnicos diferentes de pueblos africanos.

EL GRAN VALLE RIFT

El Valle Rift, formado por una serie de fracturas en la superficie terrestre, se extiende a lo largo de 6 500 km desde el este de África hasta Asia. En los escarpados valles laterales se encuentran ricas tierras de cultivo y grandes lagos de Africa.

GRAN VALLE RIFT

ÁFRICA

PAÍS	SUPERFICIE (km²)	POBLACIÓN	CAPITAL	IDIOMA
Nigeria	923 768	119 812 000	Lagos o Abuja	Inglés
República Centroafricana	622 984	2 875 000	Bangui	Francés
Ruanda	26 338	7 232 000	Kigali	Kinyaruanda, francés
Santo Tomé y Príncipe	1 001	121 000	Santo Tomé	Portugués
Senegal	196 772	7 317 000	Dakar	Francés
Seychelles	453	68 700	Victoria	Créole, inglés, francés
Sierra Leona	71 740	4 151 000	Freetown	Inglés
Somalia	637 657	7 555 000	Mogadiscio	Somalí, árabe
Sudáfrica	1 240 167	37 419 000	Pretoria	Afrikaan, inglés
Sudán	2 508 813	28 311 000	Jartum	Árabe
Swazilandia	17 364	770 000	Mbabane	Swazi, inglés
Tanzania	945 087	24 403 000	Dodoma	Swahili, inglés
Togo	56 785	3 764 000	Lomé	Francés
Túnez	154 530	8 182 000	Túnez	Árabe
Uganda	236 036	16 928 000	Kampala	Swahili, inglés
Zaire	2 345 409	34 138 000	Kinshasa	Francés
Zambia	752 614	8 456 000	Lusaka	Inglés
Zimbabwe	390 759	9 369 000	Harare	Inglés
Yibuti	22 000	528 000	Yibuti	Árabe, francés

▶ El Desierto del Sahara ostenta las temperaturas más altas del mundo y las dunas de arena más grandes; algunas dunas tienen más de 400 m de altura.

▼ Las pirámides de Giza, en Egipto, fueron construidas entorno al 2500 a. C. De las Siete Maravillas del Mundo Antiguo sólo sobreviven las Pirámides.

▶ Ciudad del Cabo, la capital legislativa de Sudáfrica es un importante centro de comercio y navegación de la costa suroeste de África. La famosa Table Mountain despunta sobre la ciudad y su puerto.

PRODUCTOS PRINCIPALES E INDUSTRIAS	MONEDA
Petróleo, productos de palma	Naira
Café, diamantes, lana, algodón	Franco CFA
Café, té	Franco CFA
Cacao, copra	Dobra
Aceite de cacahuete, marisco, fosfatos	Franco CFA
Petróleo, pescado, turismo	Rupia de Seychelles
Dióxido de titanio, diamantes, bauxita, café	Leone
Ganado, plátanos, pieles, pescado	Chelín somalí
Oro, minerales, alimentos, productos manufacturados	Rand sudafricano
Algodón, goma arábiga, sésamo, ganado bovino	Libra sudanesa
Azúcar, madera, carbón, diamantes	Lilangeni
Café, algodón	Chelín de Tanzania
Fertilizantes, café, té, cacao	Franco CFA
Prendas de vestir, petróleo, fosfatos	Dinar tunecino
Café	Chelín de Uganda
Cobre, café, diamantes, petróleo	Zaire
Cobre, zinc, cobalto	Kwacha
Tabaco, oro	Dólar de Zimbabwe
Ganado (camellos), alimentos	Franco de Yibuti

▲ *El Río Zaire, conocido anteriormente como el Congo, en África centrooccidental, tiene 4 700 km de longitud. A pesar de ser una importante ruta de transporte, los rápidos hacen que algunas zonas de la parte superior del río no sean navegables.*

▼ *Los musulmanes de Nigeria celebran el final del Ramadán, el mes sagrado del ayuno. Aproximadamente la mitad de los habitantes de Nigeria son musulmanes, con un 40 % de cristianos.*

◀ *El río Nilo, el río más largo del mundo, ha sido siempre el alma y sustento de Egipto. Sus aguas hacen posible la agricultura en una zona de desierto.*

▼ *La Gran Mezquita de Djenne, en Malí, África Occidental, es un moderno ejemplo (1907) de edificación tradicional; está construida de ladrillos de barro secados al sol.*

▼ *El Cullinan es el diamante más grande jamas extraido, tiene 3 106 kilates y fue encontrado en Sudáfrica en 1905.*

Oceanía

Oceanía es, en su mayor parte, agua: el Océano Pacífico. La mayor masa terrestre de Oceanía es Australia, en ocasiones considerada un continente por sí sola. Una gran parte de Australia es desierto. Las siguientes en tamaño son Papúa-Nueva Guinea y Nueva Zelanda. Dispersas en el inmenso Océano Pacífico hay alrededor de 30 000 islas. Estas islas forman tres grupos principales: Melanesia, Micronesia y Polinesia. Los habitantes de Oceanía son en su mayoría descendientes de inmigrantes que llegaron de Asia o Europa.

Islas Carolina

Honolulu

Hawai

0   50 100   kilómetros

0   50   100   millas

O C É A N O   P A C Í F I C O

Mt. Wilhelm
4 509 m

MAR DE ARAFURA

Port Moresby

Islas Salomon

MAR DE TIMOR

Isla Melville

Darwin

GOLFO DE CARPENTARIA

O C É A N O
Í N D I C O

GRAN BARRERA DE CORAL

Mt. Bartle
Frere 4 509 m

MAR DE CORAL

GRAN DESIERTO DE ARENA

Mt. Bruce
1 227 m

CORDILLERA HAMERSLEY

CORDILLERA MACDONNELL

Ayers Rock
335 m

DESIERTO SIMPSON

GRAN DIVISORIA

GRAN CUENCA AUSTRALIANA

**Nueva Caledonia
(Francia)**

DESIERTO DE GIBSON

CORDILLERAS MUSGRAVE

Brisbane

L. Eyre

Cooper Creek

Balonne

GRAN DESIERTO VICTORIA

LLANURA NULLABOR

L. Gairdner

L. Frome

L. Torrens

CORDILLERAS FLINDERS

Darling

Naomi

CORDILLERA DARLING

Perth

GRAN BAHÍA AUSTRALIANA

Murrumbidgee

Sidney

Adelaide

Murray

Canberra

Mt. Kosciusko
2 230 m

ALPES AUSTRALIANOS

Isla del Norte

Isla Canguro

Melbourne

Auckland

Mt. Egmont
2 516 m

MAR DE TASMANIA

Wellington

Hobart

Mt. Cook
3 764 m

ALPES DEL SUR

Christchurch

0   200   400   600   800   1 000   kilómetros

0   200   400   600   millas

▲ *Oceanía está compuesta por muchas islas del Pacífico, además de Australia, Nueva Zelanda y Papúa-Nueva Guinea. Japón, Indonesia y Filipinas se consideran parte de Asia. Hawai (incluida) es políticamente parte de Asia.*

Isla Stewart

Isla del Sur

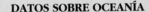

▲ *Papúa-Nueva Guinea logró su independencia de Australia en 1977. Este país, cuyos habitantes hablan alrededor de 700 lenguas, ocupa la parte oriental de la isla de Nueva Guinea. Las danzas ceremoniales son una tradición ancestral en las islas.*

▼ *Melbourne, la segunda gran ciudad de Australia, es un importante puerto y centro comercial de la costa sudeste. Debido a un considerable crecimiento industrial posterior a la guerra, la población de la ciudad incluye en la actualidad habitantes de origen griego, italiano, chino y británico.*

DATOS SOBRE OCEANÍA

Número de países: 11
Desierto más grande: Desierto Australiano (incluye varios desiertos que totalizan 1,5 millones de km²
Montaña más alta: Mt. Wilhem, Papúa Nueva Guinea, 4 509 m
Río más largo: Wurray (Australia), 2 575 km y su afluente, Darling, 2 740 km
Arrecife de coral más largo: Gran Barrera de Coral, Australia, más de 2 000 km de longitud (el más largo del mundo).
País más grande: Australia.
Ciudad más grande (en población): Sidney (Australia). Otras ciudades importantes: Melbourne, Adelaide, Perth, Brisbane, Hobart (todas en Australia); Wellington, Auckland (ambas en Nueva Zelanda).

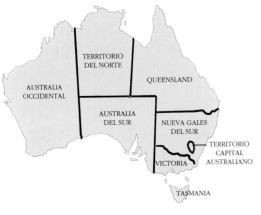

◄ *Los británicos establecieron seis colonias en Australia en el período de 1788–1859. Cuando Australia consiguió su independencia (1901) las colonias se convirtieron en estados.*

► *La Isla del Norte de Nueva Zelanda tiene volcanes activos, géiseres y una región de manantiales termales calientes.*

PAÍS	SUPERFICIE (km²)	POBLACIÓN	CAPITAL	IDIOMA
Australia	7 682 000	17 073 000	Canberra	Inglés
Fiji	18 274	740 000	Suva	Inglés, fiji, hindi
Islas Salomón	28 370	319 000	Honiara	Inglés, pidgin
Kiribatí	728	71 000	Bairiki	Inglés, I-Kiribati
Naurú	21	9 300	Domaneab	Naurano, inglés
Nueva Zelanda	268 676	3 390 000	Wellington	Inglés, maorí
Papúa-Nueva Guinea	461 691	3 671 000	Port Moresby	Inglés, lenguas locales
Samoa Occidental	2 831	165 000	Apia	Samoano, inglés
Tonga	699	96 300	Nuku'alofa	Tongui, inglés
Tuvalú	24	9 100	Fongafale	Tuvalino, inglés
Vanuatú	12 190	147 000	Vila	Bislama, inglés, francés

◀ *Una vista del Puerto de Sidney, Australia. La famosa ópera de la década de 1970 (centro) hace frente a un puente de acero construido en 1932.*

▼ *La Roca Ayers, en Australia central, posee 335 m de altura y 10 km de diámetro en su base. Es un lugar sagrado para los aborígenes.*

LA GRAN BARRERA DE CORAL

El mayor arrecife de coral del mundo, 2 027 km de longitud, se encuentra a lo largo de la costa de Queensland, Australia. Se trata de la mayor estructura jamás creada por criaturas vivas y contiene 350 corales diferentes. La Gran Barrera de Coral es, en realidad, una cadena de más de 2 500 islas y arrecifes.

◀ *Una gran parte de Australia es demasiado seca para el cultivo, pero es adecuada para la cría de ganado. El vallado más largo del mundo está en Queensland, al nordeste de Australia. Sus 5 500 km de alambre fueron levantados para proteger a las ovejas de los ataques de dingos (perros salvajes).*

PRINCIPALES PRODUCTOS E INDUSTRIAS	MONEDA
Minerales, maquinaria, alimentos, lana	Dólar australiano
Azúcar, copra, pescado, madera	Dólar de Fiji
Copra, cacao, cocos	Dólar de Salomón
Copra, pescado	Dólar australiano
Fosfatos, servicios financieros	Dólar australiano
Productos lácteos, ternera, lana, pescado	Dolar de N. Zelanda
Cobre, café, madera	Kina
Productos cocoteros, madera	Tala
Vainilla, hortalizas, pescado, cocos	Pa'anga
Copra	Dólar australiano
Copra, carne, pescado, madera	Vatu

ISLAS DEL PACÍFICO

Se calcula que hay entre 20 000 y 30 000 islas en el Océano Pacífico. La Isla de Pascua es una remota porción de tierra situada a 3 800 km al oeste de Chile, América del Sur; es famosa por sus extrañas figuras de piedra (abajo).
Su población actual es de aproximadamente 2 000 habitantes.

▲ Granja frutícola en Vitu Levu, o «Gran Fiji», la mayor de las 844 islas que componen el estado del Pacífico Sur o Fiji. Únicamente 100 islas de Fiji están habitadas.

▼ Fjordland es una región de paisajes espectaculares situada a lo largo de la costa suroeste de la Isla del Sur, en Nueva Zelanda. Los fiordos son profundas bahías que se adentran en la tierra.

La Antártida

La Antártida es más extensa que Europa o Australia. Es una masa de tierra, pero está enterrada bajo un enorme casquete de hielo, de 2 000 m de espesor. El hielo y la nieve cubren el 98 % de la Antártida. Tan sólo unas cuantas montañas y zonas rocosas asoman por encima del casquete de hielo. Un reducido número de plantas, insectos y animales viven sobre tierra firme. Sin embargo, a pesar de que los científicos trabajan en bases de investigación, no hay población humana permanente en la Antártida. El Polo Sur geográfico se encuentra en una elevada meseta, muy cerca del centro de la Antártida.

DATOS SOBRE LA ANTÁRTIDA

Número de países: Ninguno, aunque varios países reclaman sectores del continente
Superficie: Aproximadamente 14 000 000 km²
Línea costera: Aproximadamente 32 000 km
Punto más alto: Vinson Massif (5 140 m)
Cadena montañosa más importante: Montes Transantárticos
Hielo: El volumen del casquete es de 30 millones de km²; la zona más profunda mide 4 800 m
Glaciares más grandes: Amudsen, Beardmore, Lambert (el más largo del mundo), Scott
Mayor barrera de hielo: Ross (700 m de espesor)
Nieve (precipitación): Aprox. 60 cm anuales en la costa; sólo 5 cm anuales en la meseta
Temperatura más baja: -89,2°C en la Base de Investigacion Vostok, 1983

◀ La Antártida es un continente enterrado bajo una inmensa capa de hielo. La explotación de esta tierra estéril no comenzó hasta el siglo XX.

OCÉANO ATLÁNTICO

PENÍNSULA ANTÁRTICA

BARRERA DE LARSEN

MAR DE BELLINGSHAUSEN

MAR DE WEDDELL

TIERRA COSTERA

MTES. MOHLING HOFFMANN

TIERRA DE LA REINA MAUD

Base de Investigación Molodezhnaya

TIERRA DE PALMER

BARRERA DE EDITH RONNE

TIERRA DE ELLSWORTH

BARRERA DE ABBOT

TIERRA ENDERBY

Vinson Massif 5 140 m

MTES. TRANSANTÁRTICOS

MTES. PRÍNCIPE CARLOS

MAR DE AMUNDSEN

ANTÁRTIDA OCCIDENTAL

Base de Investigación Amundsen–Scott
Polo Sur

Mt. Menzies 3 355 m

Glaciar Lambert

BARRERA DE AMERY

MTES. ELLSWORTH

TIERRA DE BYRD

ANTÁRTIDA ORIENTAL

OCÉANO ÍNDICO

BARRERA OCCIDENTAL

Mt. Kirkpatrick 4 528 m

BARRERA DE ROSS

Mt. Markham 4 351 m

Base de Investigación Vostok

OCÉANO PACÍFICO

Mt. Erebus 3 794 m

BARRERA DE SHACKELTON

MAR DE ROSS

Base de Investigación Casey

TIERRA VICTORIA

TIERRA WILKES

kilómetros 0   200   400   600   800   1 000

millas 0   200   400   600

44

▲ Un iceberg hace parecer diminuto un barco pesquero. El mayor iceberg antártico jamás visto era más grande que Bélgica y ocupaba 31 000 km².

▶ Una colonia de pingüinos monarca en la Antártida. Estas aves sin capacidad de vuelo son los habitantes no humanos más abundantes del continente.

▲ El Monte Erebus, en la Isla de Ross, es el mayor volcán activo de la Antártida. De vez en cuando expulsa roca volcánica. Su pico mide 3 794 m de altura.

▼ Este miembro de la British Antarctic Survey (Investigación Antártica Británica) es uno de los científicos que intentan proteger de la explotación la Antártida y la fauna de sus costas.

EXPLORACIÓN DE LA ANTÁRTIDA

Los marineros europeos avistaron por primera vez la Antártida a comienzos del siglo XIX. En 1911, el noruego Roald Amundsen llevó a los primeros exploradores al polo Sur, aventajando en cinco semanas a la exploración británica liderada por Robert F. Scott. Scott y sus hombres murieron en el viaje de regreso. En 1929, el oficial de la marina americana Richard Byrd voló por primera vez sobre el polo Sur. En 1957–1958, una expedición de la Commonwealth británica, liderada por Vivian Fuchs, realizó el primer recorrido terrestre a través del continente.

▲ El equipo de Amundsen alcanzó el polo Sur en diciembre de 1911. Con la ayuda de esquís y perros de arrastre, todos regresaron sanos y salvos.

Países

En la antiguedad, los límites del territorio de un pueblo eran establecidos bien por barreras naturales, o por el poder de su gobernante. La idea de nación–estado, de un pueblo unido por leyes comunes, lengua y costumbres, se desarrolló de un modo progresivo. Sin embargo, el nacionalismo es una idea poderosa pero peligrosa: desató la Guerra de Independencia Americana y creó nuevos países en la Europa del siglo XIX. Aún hoy se hacen y deshacen estados. El mapa mundial vuelve a modificarse y trazarse de nuevo cuando los pueblos cambian de alianzas.

EL MUNDO ROMANO
El Imperio Romano en su apogeo ocupaba gran parte de Europa, Africa del Norte y el Mediterráneo. Roma era el corazón de un imperio que incluía un número de tribus y reinos, primero conquistados y posteriormente sometidos a la ley romana. No existían países dentro del Imperio Romano, sólo pueblos.

▼ *Los países baten récords de muchas formas. Unos son muy grandes, con muchos millones de habitantes: Rusia, con más de 17 millones de km², es fácilmente el mayor país del mundo en superficie, mientras que China tiene, con diferencia, la mayor población. Otros países entran en los libros de los récords porque son diminutos: Mónaco, un principado de la costa sur de Francia, tiene una superficie de tan sólo 1,9 km²; además de la línea costera más corta.*

LOS DIEZ PAÍSES MÁS GRANDES

1. Rusia	17 075 400 km²
2. Canadá	9 970 610 km²
3. China	9 572 900 km²
4. EE UU	9 372 571 km²
5. Brasil	8 511 965 km²
6. Australia	7 682 000 km²
7. India	3 166 414 km²
8. Argentina	2 766 889 km²
9. Sudán	2 508 813 km²
10. Argelia	2 381 714 km²

LOS DIEZ PAÍSES MÁS PEQUEÑOS

1. Ciudad del Vaticano	0,44 km²
2. Mónaco	1,9 km²
3. Naurú	21 km²
4. Tuvalú	24 km²
5. San Marino	61 km²
6. Liechtenstein	160 km²
7. San Cristóbal y Nevis	269 km²
8. Maldivas	298 km²
9. Malta	316 km²
10. Granada	344 km²

GROENLANDI (Dinamarca)

ESTADOS UNIDOS (Alaska)

CANADÁ

ESTADOS UNIDOS DE AMÉRICA

MÉXICO

BAHAMAS

CUBA

JAMAICA

AMÉRICA
1 BELICE
2 HONDURAS
3 NICARAGUA
4 GUATEMALA
5 EL SALVADOR
6 COSTA RICA
7 PANAMÁ
8 HAITÍ
9 REPÚBLICA DOMINICANA
10 PUERTO RICO
11 GUYANA
12 SURINAM
13 GUAYANA FRANCESA
14 PARAGUAY
15 URUGUAY
16 ECUADOR

ANTIGUA Y BARBUDA
SAN CRISTÓBAL Y NEVIS
DOMINICA — GUADALUPE
MARTINICA — STA. LUCÍA
SAN VICENTE — BARBADOS
GRANADA
TRINIDAD Y TOBAGO

VENEZUELA

COLOMBIA

PERÚ

BRASIL

BOLIVIA

CHILE

ARGENTINA

▶ *Este mapa muestra el mundo actual. Las fronteras políticas y los nombres de los países pueden cambiar repentinamente, como ocurrió cuando la Unión Soviética se deshizo a comienzos de la década de 1990.*

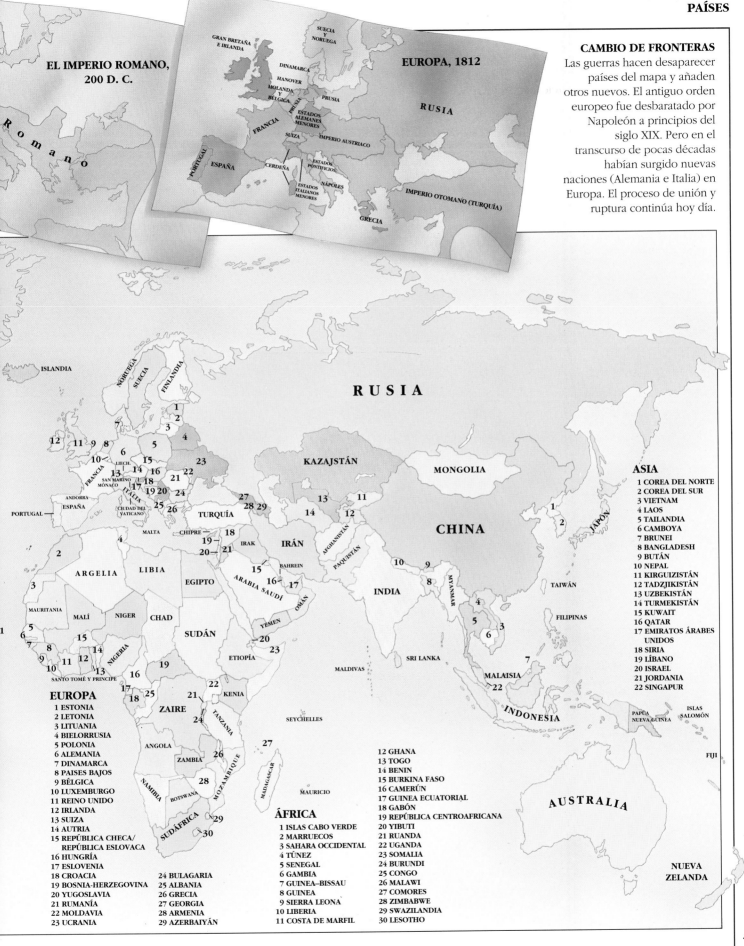

EL IMPERIO ROMANO, 200 D. C.

Romano

EUROPA, 1812

GRAN BRETAÑA E IRLANDA
SUECIA Y NORUEGA
DINAMARCA
HANOVER
HOLANDA Y BÉLGICA
PRUSIA
ESTADOS ALEMANES MENORES
FRANCIA
SUIZA
IMPERIO AUSTRIACO
RUSIA
PORTUGAL
ESPAÑA
CERDEÑA
SAN MARINO
ESTADOS PONTIFICIOS
ESTADOS ITALIANOS MENORES
NÁPOLES
IMPERIO OTOMANO (TURQUÍA)
GRECIA

CAMBIO DE FRONTERAS

Las guerras hacen desaparecer países del mapa y añaden otros nuevos. El antiguo orden europeo fue desbaratado por Napoleón a principios del siglo XIX. Pero en el transcurso de pocas décadas habían surgido nuevas naciones (Alemania e Italia) en Europa. El proceso de unión y ruptura continúa hoy día.

ISLANDIA
NORUEGA
SUECIA
FINLANDIA
RUSIA
KAZAJSTÁN
MONGOLIA
CHINA
TAIWÁN
JAPÓN
FILIPINAS

ASIA

1 COREA DEL NORTE
2 COREA DEL SUR
3 VIETNAM
4 LAOS
5 TAILANDIA
6 CAMBOYA
7 BRUNEI
8 BANGLADESH
9 BUTÁN
10 NEPAL
11 KIRGUIZISTÁN
12 TADZJIKISTÁN
13 UZBEKISTÁN
14 TURMEKISTÁN
15 KUWAIT
16 QATAR
17 EMIRATOS ÁRABES UNIDOS
18 SIRIA
19 LÍBANO
20 ISRAEL
21 JORDANIA
22 SINGAPUR

FRANCIA
ANDORRA
PORTUGAL
ESPAÑA
ITALIA
MÓNACO
LIECH.
CIUDAD DEL VATICANO
MALTA
CHIPRE
TURQUÍA
IRAK
IRÁN
BAHREIN
ARABIA SAUDÍ
OMÁN
AFGANISTÁN
PAQUISTÁN
INDIA
SRI LANKA
MALDIVAS
MYANMAR
MALAISIA
INDONESIA
PAPÚA NUEVA GUINEA
ISLAS SALOMÓN

ARGELIA
LIBIA
EGIPTO
MAURITANIA
MALÍ
NIGER
CHAD
SUDÁN
YEMEN
NIGERIA
ETIOPÍA
SANTO TOMÉ Y PRÍNCIPE

EUROPA

1 ESTONIA
2 LETONIA
3 LITUANIA
4 BIELORRUSIA
5 POLONIA
6 ALEMANIA
7 DINAMARCA
8 PAISES BAJOS
9 BÉLGICA
10 LUXEMBURGO
11 REINO UNIDO
12 IRLANDA
13 SUIZA
14 AUTRIA
15 REPÚBLICA CHECA/ REPÚBLICA ESLOVACA
16 HUNGRÍA
17 ESLOVENIA
18 CROACIA
19 BOSNIA-HERZEGOVINA
20 YUGOSLAVIA
21 RUMANÍA
22 MOLDAVIA
23 UCRANIA

24 BULGARIA
25 ALBANIA
26 GRECIA
27 GEORGIA
28 ARMENIA
29 AZERBAIYÁN

ZAIRE
KENIA
TANZANIA
ANGOLA
ZAMBIA
MOZAMBIQUE
NAMIBIA
BOTSWANA
SUDÁFRICA
MADAGASCAR
MAURICIO
SEYCHELLES

ÁFRICA

1 ISLAS CABO VERDE
2 MARRUECOS
3 SAHARA OCCIDENTAL
4 TÚNEZ
5 SENEGAL
6 GAMBIA
7 GUINEA–BISSAU
8 GUINEA
9 SIERRA LEONA
10 LIBERIA
11 COSTA DE MARFIL

12 GHANA
13 TOGO
14 BENIN
15 BURKINA FASO
16 CAMERÚN
17 GUINEA ECUATORIAL
18 GABÓN
19 REPÚBLICA CENTROAFRICANA
20 YIBUTI
21 RUANDA
22 UGANDA
23 SOMALIA
24 BURUNDI
25 CONGO
26 MALAWI
27 COMORES
28 ZIMBABWE
29 SWAZILANDIA
30 LESOTHO

AUSTRALIA
NUEVA ZELANDA
FIJI

CULTURAS

Población

La cultura abarca muchos aspectos de la vida humana: arte, religión, costumbres, idioma, tecnología. La diversidad cultural es sorprendente, aunque en el siglo XX la «cultura mundial» (es decir, la cultura occidental) ha llegado a casi todos los grupos humanos desde el Amazonas hasta el Ártico. Cada año, cerca de 90 millones de personas más comparten esa cultura. La población humana creció lentamente hasta el siglo XIX; desde entonces, el índice de crecimiento se ha disparado de forma dramática. Sin embargo, el crecimiento de la población no es igual en todo el mundo. En los países más prósperos, las tasas de natalidad apenas igualan el número de defunciones, por lo que la población se mantiene estable o crece lentamente. En los países en vías de desarrollo, la tasa de natalidad sobrepasa a la de mortandad y, en consecuencia, la población de muchos crece un 2 o 3 % al año.

DISTRIBUCIÓN DE LA POBLACIÓN

(Habitantes por km²)

- más de 300
- 200–299
- 100–199
- 50–99
- Menos de 50

▲ Este mapa muestra la densidad de población humana: qué áreas de la Tierra tienen más personas por km². Europa, el sur y este de Asia y el este de Estados Unidos son las regiones más densamente pobladas del mundo.

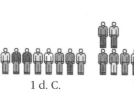
1 d. C.
200 millones

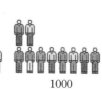
1000
255 millones

1500
420 millones

1600
470 millones

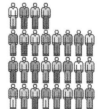
1750
700 millones

TASA ANUAL DE AUMENTO

Mundial	1,7 %
África	3,0 %
América del Sur	1,9 %
Asia	1,8 %
Oceanía	1,4 %
América del Norte	1,2 %
Europa	0,2 %

La población mundial está aumentando más deprisa en el llamado mundo subdesarrollado, particularmente en África. En Kenia la población se duplica cada 18-23 años. Pero en algunos países occidentales (Suecia, por ejemplo) la población está descendiendo.

DISTRIBUCIÓN DE LA POBLACIÓN

De todos los continentes, Asia es, con mucho, el que más población tiene. Seis de cada diez personas viven en Asia. Entre China e India se distribuyen el 40% de toda la población mundial.

EXPLOSIÓN DEMOGRÁFICA

El crecimiento de la población humana fue lento hasta el siglo XVIII. Se duplicó desde mediados del siglo XVII hasta 1850, y se ha cuadruplicado desde entonces. En 1950 la población de la Tierra era de 2,5 billones. En el año 2000 se sobrepasarán los seis billones.

 = 25 millones de personas

▲ *Los cinco billones de personas que habitan la Tierra ocupan tan sólo el 15 % de las zonas terrestres del planeta. Algunas zonas son demasiado calurosas o demasiado frías para albergar poblaciones permanentes.*

Pie chart — DISTRIBUCIÓN DE LA POBLACIÓN:

- **Oceanía** — 26 millones
- **América del Norte y Central** — 420 millones
- **América del Sur** — 795 millones
- **Europa (incluida Rusia)** — 646 millones
- **África** — 795 millones
- **Asia** — 3 100 millones

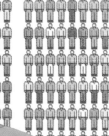

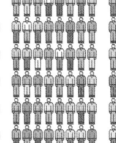

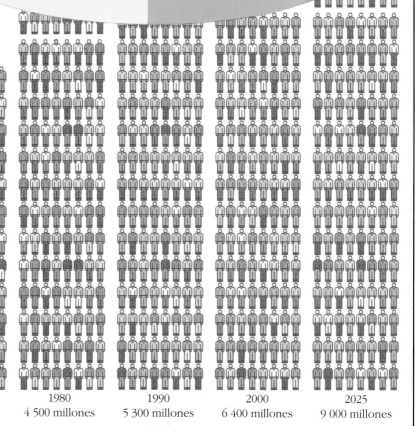
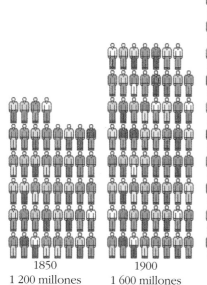

1850	1900	1950	1980	1990	2000	2025
1 200 millones	1 600 millones	2 500 millones	4 500 millones	5 300 millones	6 400 millones	9 000 millones

Ciudades

A comienzos del siglo XIX, una de cada 20 personas vivía en una ciudad. La mayoría vivía en los pueblos. El crecimiento de las ciudades se aceleró en el siglo XIX y hoy, ocho de cada 20 personas habitan en la ciudad. En el siglo XXI habrá más personas en las ciudades que en el campo. Las personas que se trasladan a las ciudades en grandes cantidades originan problemas de vivienda, transporte, suministro de alimentos, salud pública y empleo. En los países en vías de desarrollo no hay recursos suficientes para enfrentarse a estos problemas.

LAS CIUDADES MÁS GRANDES DEL MUNDO

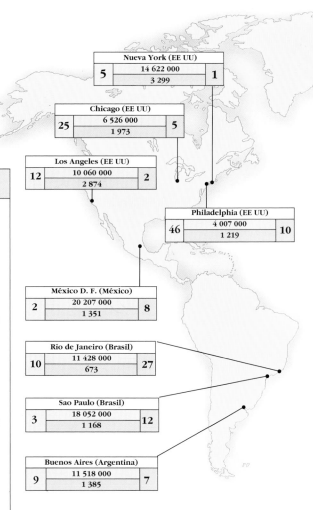

	Nueva York (EE UU)	
5	14 622 000	1
	3 299	

	Chicago (EE UU)	
25	6 526 000	5
	1 973	

	Los Angeles (EE UU)	
12	10 060 000	2
	2 874	

	Philadelphia (EE UU)	
46	4 007 000	10
	1 219	

	México D. F. (México)	
2	20 207 000	8
	1 351	

	Río de Janeiro (Brasil)	
10	11 428 000	27
	673	

	Sao Paulo (Brasil)	
3	18 052 000	12
	1 168	

	Buenos Aires (Argentina)	
9	11 518 000	7
	1 385	

HECHOS SOBRE LAS CIUDADES

• La capital más antigua del mundo es Damasco, en Siria. Está habitada desde hace aproximadamente 4 500 años.

• En el siglo XIX, menos del 3% de la población mundial vivía en ciudades. Se espera que para el año 2000 sea el 50% de la población la que viva en las grandes ciudades.

• Las ciudades crecieron rápidamente en Europa y en América del Norte en el siglo XIX durante la Revolución Industrial. Por ejemplo, Chicago, en EE UU, pasó de ser una ciudad de 4 000 personas en 1840 a una ciudad de más de un millón de habitantes en 1890.

• Incendios y terremotos han devastado incluso las ciudades más grandes. El Gran Fuego de Londres en 1666 duró seis días. En 1906 un terremoto sacudió San Francisco, en EE UU. Se produjeron incendios y se destruyeron más de 28 000 edificios. Murieron unas 3 000 personas.

• Tokio–Yokohama, en Japón, y México D. F., en México, están registradas como las dos áreas urbanas más extensas del mundo. Ambas tiene una población de más de 20 millones de personas.

• En India se encuentran dos de las ciudades de más rápido crecimiento del mundo. En el año 2000 Calcuta y Bombay ocuparán el cuarto y quinto puesto mundial, cada una de ellas con 16 millones de personas.

• ¿Dónde están los límites de una ciudad? Algunas ciudades tienen límites establecidos para no ocupar terrenos vecinos. Otras abarcan pueblos y otras poblaciones, creando áreas metropolitanas más extensas.

• Entre las ciudades más grandes de África, están El Cairo (Egipto), con 9,8 millones de personas, Lagos (Nigeria), Alejandría (Egipto), Kinshasa (Zaire) y Casablanca (Marruecos). La población de todas ellas sobrepasa los 2 millones.

• La ciudad más grande de Australia es Sidney (3 millones de personas).

• Sao Paulo, en Brasil, es la ciudad más grande de América del Sur. Su población metropolitana supera los 12,5 millones.

▶ *El rápido crecimiento de las ciudades causa a menudo graves problemas de alojamiento. Las chozas de las favelas (barrios pobres) ofrecen cobijo a los pobres en las laderas de las colinas en torno a Río de Janeiro, Brasil.*

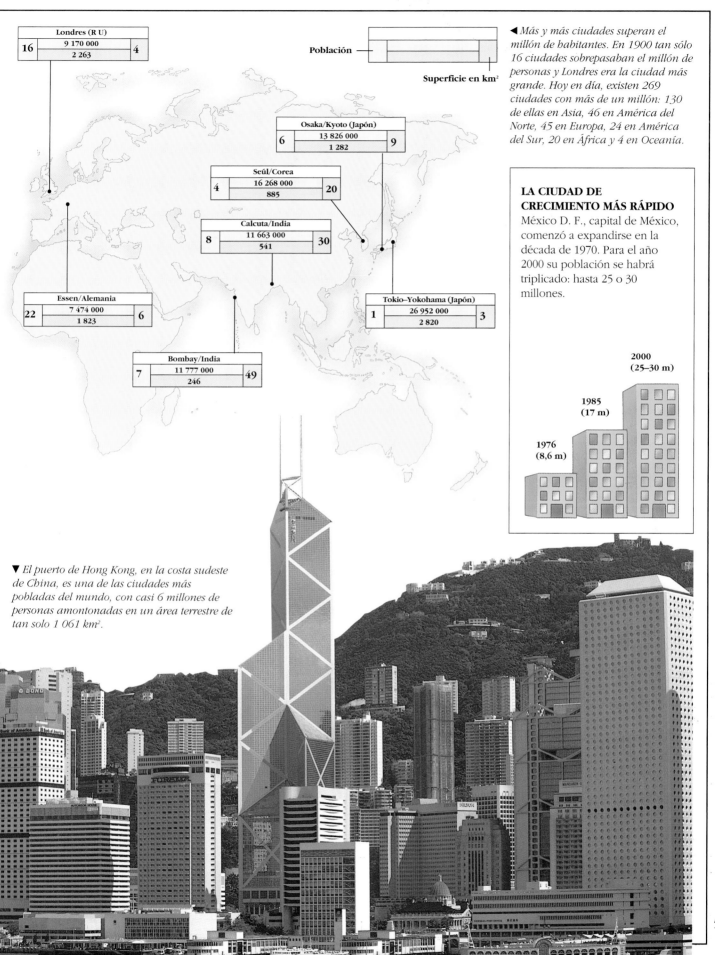

Londres (R U)

16	9 170 000	4
	2 263	

Población —

Superficie en km²

Osaka/Kyoto (Japón)

6	13 826 000	9
	1 282	

Seúl/Corea

4	16 268 000	20
	885	

Calcuta/India

8	11 663 000	30
	541	

Essen/Alemania

22	7 474 000	6
	1 823	

Tokio–Yokohama (Japón)

1	26 952 000	3
	2 820	

Bombay/India

7	11 777 000	49
	246	

◄ *Más y más ciudades superan el millón de habitantes. En 1900 tan sólo 16 ciudades sobrepasaban el millón de personas y Londres era la ciudad más grande. Hoy en día, existen 269 ciudades con más de un millón: 130 de ellas en Asia, 46 en América del Norte, 45 en Europa, 24 en América del Sur, 20 en África y 4 en Oceanía.*

LA CIUDAD DE CRECIMIENTO MÁS RÁPIDO

México D. F., capital de México, comenzó a expandirse en la década de 1970. Para el año 2000 su población se habrá triplicado: hasta 25 o 30 millones.

2000
(25–30 m)

1985
(17 m)

1976
(8,6 m)

▼ *El puerto de Hong Kong, en la costa sudeste de China, es una de las ciudades más pobladas del mundo, con casi 6 millones de personas amontonadas en un área terrestre de tan solo 1 061 km².*

Personas y pueblos

Todos pertenecemos a la misma especie, *Homo sapiens sapiens*. Durante miles de años, las personas que vivían en diferentes partes de la Tierra desarrollaron características diferentes. Los grupos de personas que comparten las mismas características pertenecen a la misma raza. Sus rasgos físicos son hereditarios: las semejanzas pasan de padres a hijos a través de la herencia genética. Por lo tanto, los miembros de un grupo racial están «emparentados» biológicamente, de la misma manera que los miembros de una familia.

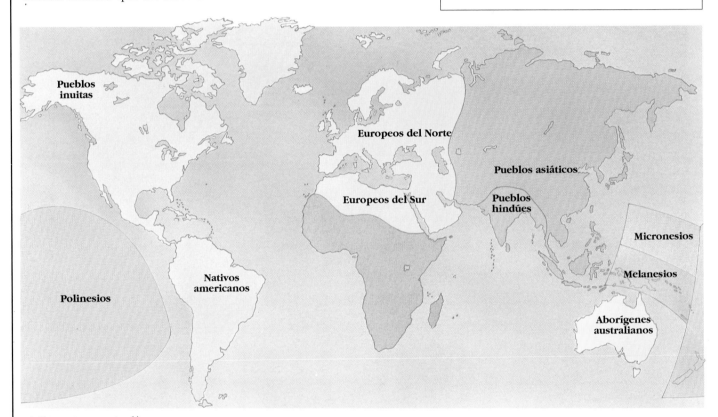

▲ Este mapa muestra làs áreas del mundo donde las principales razas geográficas vivieron antes del siglo XVI. Se desarrollaron en un aislamiento comparativo, separados los unos de los otros por océanos, montañas y desiertos.

▶ Desde el siglo XVI en adelante, la exploración de ultramar y las emigraciones en masa alteraron el mapa de la población. Por ejemplo, en la actualidad viven en América tantas personas de ascendencia europea como casi la mitad de las que viven en Europa. Las flechas muestran las migraciones más importantes.

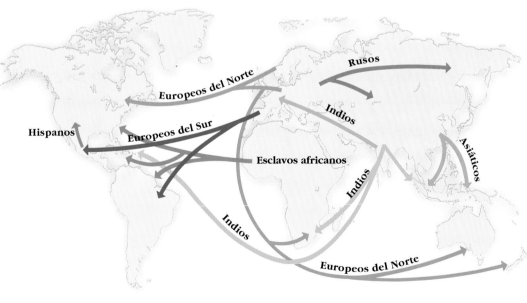

VARIACIÓN HUMANA
La mezcla racial de Estados Unidos es el resultado de miles de años de emigración, colonización y esclavitud. En las calles de ciudades como Nueva York se puede ver una población variada, predominando los americanos de habla inglesa cuyos antepasados provenían de Europa, Asia, América del Sur, América Central, África, Islas del Pacífico e Islas del Caribe.

DISTRIBUCION MUNDIAL DE LA EDAD
En el mundo subdesarrollado (países de África y Asia), un promedio de aproximadamente el 37% del total de la población está compuesto por niños menores de 15 años. Sin embargo, en algunos países africanos, la proporción de niños es incluso más alta, aproximadamente el 45% de la población total. Estas cantidades se basan en el cálculo de que, por término medio, una mujer africana tiene más de 6 niños.

PAÍS SUBDESARROLLADO

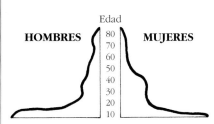

HOMBRES — Edad (80 70 60 50 40 30 20 10) — MUJERES

Porcentaje del total de la población

PAÍS DESARROLLADO

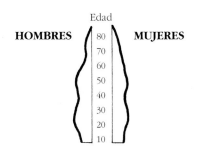

HOMBRES — Edad (80 70 60 50 40 30 20 10) — MUJERES

Porcentaje del total de la población

ESPERANZA DE VIDA (1989)

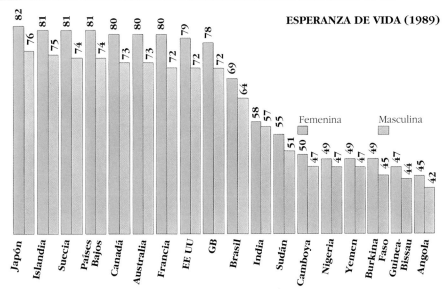

Femenina   *Masculina*

País	Femenina	Masculina
Japón	82	76
Islandia	81	75
Suecia	81	74
Países Bajos	81	74
Canadá	80	73
Australia	80	73
Francia	80	72
EE UU	79	72
GB	78	72
Brasil	69	64
India	58	57
Sudán	55	51
Camboya	50	47
Nigeria	49	47
Yemen	49	47
Burkina Faso	49	45
Guinea-Bissau	47	44
Angola	45	42

▲ *Las personas viven cada vez más, pero la esperanza de vida varía enormemente. Por lo general, las mujeres viven más que los hombres. Las muertes infantiles y de madres en el momento del parto explican, en parte, la diferencia entre los países desarrollados y los subdesarrollados.*

◄ *En los países subdesarrollados, los trabajadores sanitarios de las clínicas (aquí administrando vacunas en Bangladesh) pueden frenar la mortalidad infantil, combatir la malnutrición y controlar las enfermedades.*

Lenguas

Los pueblos del mundo hablan entre 4 000 y 5 000 lenguas y dialectos (variaciones locales de una lengua). Alrededor de 845 de estas lenguas se hablan en India. La lengua más hablada en el mundo es el chino mandarín. El inglés es el idioma más extendido. Todas las lenguas evolucionan al ser habladas. Dentro de unos cientos de años, una lengua puede llegar a ser totalmente diferente. Una lengua que ya no se habla se denomina muerta.

PRINCIPALES GRUPOS LINGÜÍSTICOS

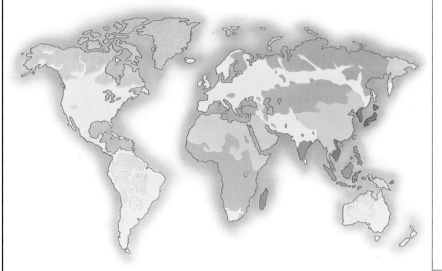

- Indoeuropeo
- Sino-tibetano
- Negro africano
- Malayo-polinesio
- Afro-asiático
- Dravidiano
- Japonés y Coreano
- Urálico y Altaico
- Mon-Khmer
- Otras lenguas

▲ *Este mapa muestra los principales grupos lingüísticos y las zonas donde están extendidos. Casi la mitad de los habitantes del mundo hablan lenguas de origen indoeuropeo. Este grupo se originó entre los pueblos que vivían en la zona comprendida entre el norte de India y Europa.*

FAMILIAS LINGÜÍSTICAS

Todas las lenguas pertenecientes a una familia han evolucionado a partir de una lengua original. El indoeuropeo, tiene ocho grandes grupos o ramas, mostradas en el «árbol genealógico» (*derecha*). El inglés pertenece a la rama germánica, que también incluye el alemán, holandés y las lenguas escandinavas. Otras ramas lingüísticas, como la albanesa, no tienen otras derivaciones.

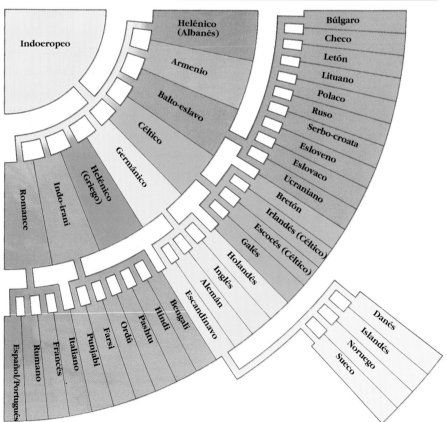

ALFABETOS

Un alfabeto es un conjunto de letras o signos que representan un sonido del habla. Los alfabetos evolucionaron a partir de sistemas de escritura pictóricos. La letra más antigua es la «O», que no ha cambiado desde que los fenicios la utilizaron hace más de 3 000 años.

▲ *Los jeroglíficos, o signos pictóricos, egipcios tienen unos 5 000 años de antigüedad. Los signos más antiguos representaban objetos.*

Ruso

АБВГДЕЖЗИЙКЛМНОПРСТУФХЦЧ ШЩЪЬЫЬЭЮЯ

Griego

ΑΒΓΔΕΖΗΘΙΚΛΜΝΞΟΠΡΣΤΥΦΧΨΩ

Árabe

ﺍﺑﺗﺷﺟﺣﺧﺩﺫﺭﺯﺳﺷﺻﺿﻁﻅﻉﻍﻑﻑﻕﻛﻠﻣﻧﻫﻭ ﻳﻼ

Bengalí

আমাদের পোস্টমাস্টার কলিকাতার ছেলে । জলের মাছকে ডাঙ্গায় তজলিলে যেরষ অবস্থা হয় এই গণ্ড ধগরামের মধ্যে আসিয়া পোস্টমাস্টারেরও সেই দশা

LENGUAJES ARTIFICIALES

El lenguaje de signos es comunicación sin habla. Los signos creados con los dedos son la base de un lenguaje utilizado por personas sordas.

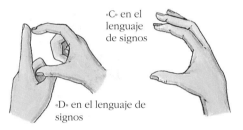

«C» en el lenguaje de signos

«D» en el lenguaje de signos

• Ha habido muchos intentos de inventar lenguas artificiales, como el Volapuk (1879) y el Esperanto (1887). Los inventores creían que una nueva lengua ayudaría a vencer las antiguas rivalidades nacionales.

• El Esperanto ha sido el idioma artificial de mayor aceptación, con unos 10 millones de hablantes. Tiene un alfabeto de 28 letras y su vocabulario contiene palabras comunes a las lenguas del grupo indoeuropeo. Fue concebido por un polaco, L. L. Zamenhof.

• Las personas ciegas pueden leer y escribir utilizando el Braille, un alfabeto de puntos abultados sobre papel, inventado por un joven francés ciego, Louis Braille, en la década de 1820. Los ciegos leen Braille deslizando la yema de los dedos por encima de los puntos. Pueden escribir Braille con la ayuda de un pequeño instrumento.

OTRAS LENGUAS IMPORTANTES

Afrikaan: Del holandés del siglo XVII; hablado en Sudáfrica.
Gaélico: Hablado en Irlanda y Escocia.
Griego: Muchas palabras españolas derivan del antiguo griego.
Hebreo/Yiddish: El hebreo es la lengua de la Biblia y del moderno Israel.
Latín: Lengua original de los antiguos romanos.

Sánscrito: Lengua de la antigua India; data aproximadamente del 1500 a. C.
Pidgin: Mezcla de inglés y palabras locales de las islas del Pacífico y Nueva Guinea.
Criollo: Mezcla de francés, español y portugués con palabras locales de América del Sur y Central.

LAS PRINCIPALES LENGUAS DEL MUNDO

El mandarín, o chino moderno, es hablado por más personas que ninguna otra lengua. El inglés es el idioma hablado en más países (Australia, Canadá, el Caribe, Irlanda, Nueva Zelanda, el Reino Unido y EE UU). El inglés también se utiliza en partes de África y Asia. El hindi es la lengua más extendida en la India. El español y portugués se hablan en Latinoamérica, además de España y Portugal.

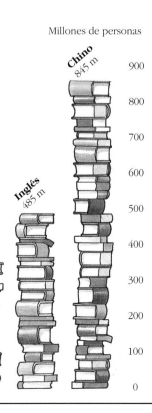

Millones de personas

Chino 845 m
Inglés 485 m
Hindi 338 m
Español 331 m
Ruso 291 m
Árabe 192 m
Bengalí 181 m
Portugués 171 m
Alemán 138 m
Japonés 124 m
Francés 118 m
Malayo-Indonesio 117 m

900
800
700
600
500
400
300
200
100
0

Religiones

Personas de todas las épocas y culturas han intentado encontrar el significado de la vida. La creencia religiosa surgió a partir de este deseo. Las religiones primitivas se basaban en el culto a las fuerzas naturales (sol, viento y fuego) y animales. Algunas religiones, como el hinduismo moderno, tienen muchos dioses. Otras enseñan la creencia en un solo dios supremo. La religión da un código moral y la concepción de un mundo espiritual más allá del terrenal. Un ateo es una persona que no mantiene ninguna creencia religiosa; un agnóstico es alguien que no se decanta por ninguna.

RELIGIONES TRIBALES

Las religiones tribales primitivas, presentes en todo el mundo, suelen ir asociadas a creencias en magia, brujería y espíritus poderosos, buenos o malvados, que habitan en animales, plantas, rocas y aguas.

Tocado polinesio utilizado en celebraciones religiosas

PRINCIPALES RELIGIONES

Cruz Cristiana

Media Luna

Diosa hindú Siva

Estatua de Buda

Símbolo taoísta del *yin* y el *yang*

CRISTIANISMO

El Cristianismo se basa en la vida y enseñanzas de Jesucristo, nacido alrededor del año 4 a. C. en Palestina y crucificado por los romanos en torno al 30 d. C. Los cristianos creen que Jesús era el hijo de Dios. La mayoría de los cristianos pertenecen a uno de tres grupos principales: las iglesias protestante, católica romana u ortodoxa oriental.

ISLAM

Fundada en el año 622 en Arabia por el profeta Mahoma, la fe islámica deriva en gran parte del Judaísmo y Cristianismo. El libro más sagrado del Islam es el Corán y sus símbolos son la media luna y la estrella. Los seguidores del Islam, llamados musulmanes, se someten a la voluntad de Alá, su dios.

HINDUISMO

El Hinduismo es una antigua religión india de la que no se conoce el fundador. Es la religión más importante de la India y ha tenido un efecto importante en la cultura de este país. Los hindúes creen que todos los dioses son aspectos de Brahmán, un espíritu universal. También creen en la reencarnación del alma después de la muerte.

BUDISMO

El budismo se basa en las enseñanzas de un indio, Siddharta Gautama, que vivió en el siglo V a. C. El nombre de Buda significa «el Iluminado». Los budistas no creen en ningún dios. Por el contrario, creen que las personas pueden alcanzar la iluminación (nirvana) mediante la meditación y acciones concretas.

CHINAS

El Taoísmo, o Daoísmo, se basa en las enseñanzas de Lao–Tse, que vivió en China en el siglo VI a. C. Los creyentes se someten al Tao, el «camino» para restaurar la armonía. La otra ideología china, el Confucionismo (de Confucio, también del siglo VI a. C.), se trata de un código de comportamiento familiar y social más que una fe mística.

LA CIUDAD DE LA MECA

El Islam tiene varias ciudades santas, pero ninguna es tan sagrada para los musulmanes como La Meca, en Arabia Saudí, lugar de nacimiento de Mahoma y punto de origen de su huída a Medina en el año 622. Al menos un millón de musulmanes viajan como peregrinos a La Meca cada año. Todos los musulmanes han de realizar una peregrinación a La Meca una vez en su vida, siempre que estén en condiciones para ello. El lugar más sagrado de la ciudad es la Kaaba, un sepulcro situado en el patio de la Gran Mezquita.

▲ *La Kaaba contiene la Piedra Negra, entregada, según la tradición, a Abrahám por el ángel Gabriel.*

OTRAS RELIGIONES

Baha'i (Persa): Fundada en el siglo XIX en lo que hoy es Irak. El fundador fue un persa, Bahaullah.

Jainismo (India): Una secta del Hinduismo que enseña la no–violencia hacia todas las criaturas.

Shintoismo (Japonesa): La religión más antigua de Japón. Los shintoistas veneran sus muchos dioses (Kani) en sepulcros o templos.

Una pagoda shinto (templo) en Japón

Miembros de las principales religiones a mediados de 1990

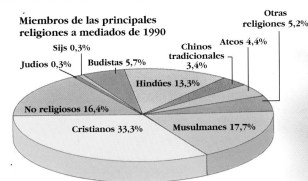

- Sijs 0,3%
- Judíos 0,3%
- Budistas 5,7%
- Hindúes 13,3%
- Otras religiones 5,2%
- Ateos 4,4%
- Chinos tradicionales 3,4%
- No religiosos 16,4%
- Cristianos 33,3%
- Musulmanes 17,7%

Estrella de David

Símbolo del Sijismo

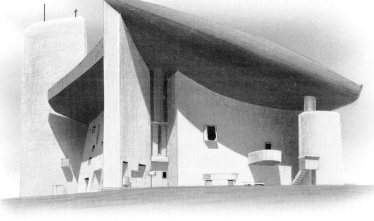

▲ *La Capilla de Notre Dame du Haut está situada en Ronchamps, al este de Francia. La capilla es célebre por su original estilo de arquitectura eclesiástica. Fue diseñada por Le Corbusier, el famoso arquitecto francés del siglo XX, a comienzos de la década de 1950.*

▼ *El Templo Dorado de la ciudad sagrada de Amristar, en la India, es el lugar más sagrado de devoción sij. La ciudad fue construida en el siglo XVI por el cuarto gurú sij, Ram Das. El templo está situado sobre una isla en un lago, conocido como el «tanque de la inmortalidad».*

JUDAíSMO

La antigua religión de los judíos, fundada por Moisés y Abrahám, fue la primera religión que enseñó que sólo existe un Dios. Las principales leyes del Judaísmo proceden de la Torá, los primeros cinco libros de la Biblia hebrea (el Antiguo Testamento cristiano). Los judíos realizan el culto en sinagogas y en sus hogares. Muchos judíos siguen estrictas leyes dietéticas.

SIJISMO

La fe sijista, una religión de la India, fue enseñada por primera vez por el Gurú (profesor) Nanak(1469–1539). Nuevos gurús siguieron a Nanak, pero sólo Dios es considerado el verdadero gurú: Los sijs tienen cinco símbolos «K»: Kesh (pelo sin cortar), Kangha (peine), Kara (brazalete), Kaccha (calzones) y Kirpan (daga).

GLOSARIO DE RELIGIONES

Biblia: El libro sagrado de cristianos y judíos.
Casta: División social y religiosa del hinduismo.
Iglesia: Lugar de culto cristiano, o grupo cristiano organizado.
Ayuno: Renegar de comida y bebida como parte de la obediencia religiosa.
Hajj: La peregrinación islámica a La Meca.
Monjes y monjas: Hombres y mujeres, normalmente organizados en comunidades, que hacen votos religiosos.

Mezquita: Lugar de culto de los musulmanes.
Papa: Cabeza de la Iglesia Católica Romana.
Iglesia Ortodoxa: La Iglesia Cristiana de Oriente que se separó de la Iglesia Occidental en el siglo IV; Iglesia nacional de Rusia, Grecia y Rumanía.
Protestante: Miembro de una de las Iglesias Cristianas que se separaron de la Iglesia Católica Romana después de la Reforma del siglo XVI.

Rabino: Profesor o líder religioso judío.
Santo: Persona santa merecedora de culto.
Vedas: Libro más antiguo y sagrado del Hinduismo.
Zoroastrismo: Antigua religión de Irán fundada por Zoroastro en el siglo VI a. C.

▶ *La Iglesia de la Sagrada Familia se encuentra en Barcelona, España. El arquitecto, Antonio Gaudí, murió en 1926 sin haber concluido su construcción.*

Costumbres y celebraciones

En todas las sociedades, las personas señalan el paso del tiempo y las estaciones mediante la observación de costumbres. Nuestras vidas están marcadas por celebraciones y festividades. Celebramos acontecimientos personales o familiares, como un cumpleaños o una boda. Observamos días de fiesta nacional o religiosa. Algunas de estas costumbres son antiquísimas. Su significado original ha sido olvidado a medida que nuevas creencias y prácticas se han ido haciendo más importantes. La variedad de estas celebraciones añade valor y significado a nuestras vidas.

FESTIVIDADES NO RELIGIOSAS

Las festividades suelen celebrarse una vez al año y duran al menos un día. Algunas festividades están relacionadas con la historia de un país, mientras que otras derivan de celebraciones agrícolas o estacionales. Muchas se han alejado de sus orígenes religiosos. Por ejemplo, Halloween o Noche de Brujas, derivaba de una festividad pagana primitiva, asociada al comienzo del invierno y la muerte. En la Edad Media pasó a ser la festividad cristiana del Día de Todos los Santos, el 1 de Noviembre. La misa celebrada ese día se denominaba *Allhallowmas* y la noche anterior se conocía como *Alhalloe'en*. En la actualidad, el Día de Todos los Santos (*Alhaowmas*) es aún un día religioso festivo, aunque en países como EE UU y GB, Halloween es una noche en que los niños se disfrazan y van pidiendo dulces de casa en casa.

▲ *Halloween, en otro tiempo una festividad cristiana, se celebra el 31 de Octubre. Los niños vacían calabazas para crear caras grotescas y asisten a diversas fiestas.*

▼ *Los huevos que se intercambian y comen en muchos países durante la Pascua representan, según la tradición, la renovación de la vida.*

▼ *La procesión que precede las carreras de caballos de Palio, en Siena, Italia, se viene celebrando anualmente desde hace siglos.*

▲ *En época de Carnaval, la gente llena las calles de Río de Janeiro ataviada con brillantes trajes y disfraces. El Carnaval señala el comienzo de la Cuaresma.*

▼ *Cada religión tiene festividades o días de celebración. Algunas requieren de los creyentes actos de peregrinación a lugares sagrados.*

PRINCIPALES FESTIVIDADES RELIGIOSAS

CRISTIANISMO

Navidad: celebra el nacimiento de Cristo. Ciertas costumbres como los Reyes Magos o la colocación de árboles de Navidad y nacimientos, proceden de las antiguas festividades invernales.
Semana Santa: celebra la muerte y resurrección de Cristo. En las iglesias ortodoxas, es más importante que la Navidad.

ANIMAL	AÑO (El Año Nuevo chino comienza en enero o febrero).				
Rata	1936	1948	1960	1972	1984
Buey	1937	1949	1961	1973	1985
Tigre	1938	1950	1962	1974	1986
Liebre (Conejo)	1939	1951	1963	1975	1987
Dragón	1940	1952	1964	1976	1988
Serpiente	1941	1953	1965	1977	1989
Caballo	1942	1954	1966	1978	1990
Oveja (Cabra)	1943	1955	1967	1979	1991
Mono	1944	1956	1968	1980	1992
Gallo	1945	1957	1969	1981	1993
Perro	1946	1958	1970	1982	1994
Cerdo	1947	1959	1971	1983	1995

ALGUNAS FESTIVIDADES Y DÍAS ESPECIALES

Enero:	Día de Año Nuevo
	Día de Martin Luther King (EE UU)
Febrero:	Día de San Valentín
Marzo:	Día del Padre
	Día de San David (Gales)
	Día de San Patricio (Irlanda/EE UU)
Abril:	Día de San Jorge (Inglaterra)
Mayo:	Día del Trabajo
	Día de la Madre
Junio:	Día del Padre (EE UU/Canadá/RU)
Julio:	Día de la Independencia (EE UU)
	Día de la toma de la Bastilla (Francia)
Septiembre:	Día del Trabajo (EE UU)
Octubre:	Día de la Hispanidad
	Oktoberfest (Alemania)
	Halloween
Noviembre:	Día de Todos los Santos
	Día de Acción de Gracias (EE UU)
	Día de San Andrés (Escocia)
Diciembre:	Día de la Constitución (España)
	Día de los Inocentes
	Nochevieja

▲ *El calendario chino tiene como base el año lunar. Comienza el año 2637 a. C. (según la tradición, el año de su invención por el primer emperador). Los años discurren en ciclos de 60 y se encuadran según los nombres de 12 animales.*

▶ *Cada 4 de Julio, Día de la Independencia en EE UU, los americanos disfrutan de desfiles, meriendas, fiestas y fuegos artificiales.*

BUDISMO

Wesak o Vesakha–puja: (Sri Lanka y Tailandia), celebra el nacimiento, iluminación y muerte de Buda.
Festival de las flores: (Japón) celebra el nacimiento de Buda.
Consagración del Tránsito: (Japón) mayoría de edad de un muchacho.

JUDAÍSMO

Rosh Hashanah: Año Nuevo Judío
Pascua: conmemora el éxodo de Egipto
Hanukkah y Purim: La liberación de los judíos en el 165 a. C.
Yom Kippur: un día de arrepentimiento por los errores.

HINDUISMO

Navarati: en honor de la diosa Shakti.
Dusserah: en honor del príncipe Rama.
Holi: una exuberante festividad de primavera.
Diwali: festividad de luces. Hay muchas fiestas regionales.

ISLAM

Gran Celebracion: una época de sacrificio y caridad hacia los pobres, posterior a la peregrinación a la ciudad de La Meca (que todos los musulmanes intentan realizar).
Celebración Menor: Fin del ayuno; señala el fin del mes de ayuno y abstinencia del Ramadán.

Artes y artesanía

Las artes visuales, pintura y escultura, son artes antiquísimas: existen esculturas y pinturas rupestres de más de 15 000 años de antigüedad. La cerámica y la arquitectura se desarrollaron cuando los hombres se convirtieron por primera vez en agricultores sedentarios, hace aproximadamente 10 000 años. Las artes teatrales incluyen la música, danza, teatro y cine. Las tres primeras tienen sus orígenes en nuestro pasado prehistórico; el cine (y la radio y televisión) es una invención de los siglos XIX y XX. La literatura se inventó hace tan sólo unos 5 000 años.

ARTES VISUALES

Las artes visuales incluyen pintura, escultura, cerámica y textiles. El estilo de las artes tradicionales (alfombras o máscaras, por ejemplo) puede cambiar poco a lo largo de los siglos. Los pintores y escultores han buscado constantemente nuevos modos de expresar su visión del mundo.

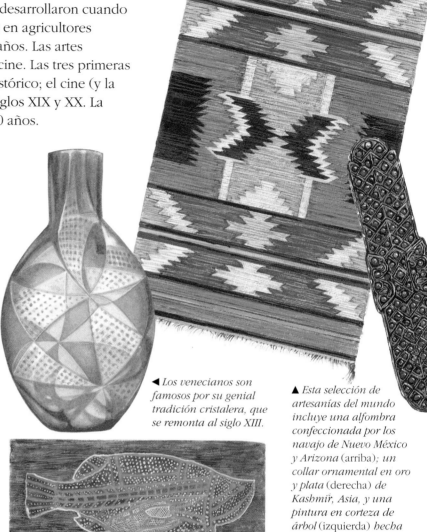

◀ *Los venecianos son famosos por su genial tradición cristalera, que se remonta al siglo XIII.*

▲ *Esta selección de artesanías del mundo incluye una alfombra confeccionada por los navajo de Nuevo México y Arizona* (arriba)*; un collar ornamental en oro y plata* (derecha) *de Kashmir, Asia, y una pintura en corteza de árbol* (izquierda) *hecha por un artista aborigen de Australia.*

▲ *Un plato de porcelana americano. También se fabrica porcelana fina en Europa y Asia.*

◀ *Una máscara ceremonial fabricada por los baluba de África Central.*

LAS ARTES TEATRALES

La danza formaba parte del ritual tribal. Evolucionó y dio paso al teatro–literatura representado con palabras y, con frecuencia, acompañado de música. El teatro occidental surgió en la antigua Grecia hace unos 2 500 años. El teatro oriental incluye el kabuki y el noh de Japón. La música escrita más antigua es india, con 3 000 años. El ballet y la ópera tuvieron su origen en la Europa de los siglos XV y XVI.

◀ *Actores de kabuki en Japón, donde desde el siglo XVII se representan estos melodramas llenos de color.*

▶ *Un músico toca un instrumento importante en la música india, el sitar o laúd indio.*

HECHOS SOBRE LAS ARTES

• Los escritores ingleses no utilizaron el inglés hasta el siglo XIV. *Los Cuentos de Canterbury* de Geoffrey Chaucer (aprox. 1387) marcaron un hito en el uso de la lengua cotidiana.

• Alrededor de 800 000 personas oyeron un concierto al aire libre de la Orquesta Filarmónica de Nueva York, en el Central Park, de Nueva York, en 1986. Esta cifra es la mayor audiencia en un concierto de música clásica.

• Antes que los lápices de grafito se extendieran en el siglo XVII, los artistas dibujaban con una punta de metal sobre papel preparado.

• El piano más antiguo del mundo fue fabricado por el italiano Bartolomeo Cristofori en 1720; en la actualidad se encuentra en el Metropolitan Museum de Nueva York.

• La biblioteca más grande del mundo es la Biblioteca del Congreso de los Estados Unidos, con 97,5 millones de ejemplares.

• Walt Disney (1906–1966), el creador de dibujos animados americano, ganó un récord total de 32 Oscars.

• La talla de madera es quizá la forma de escultura más conocida de África. Pero los artistas del reino de Benin en

África Occidental (1500–1700) produjeron una orfebrería soberbia.

• El primer cine fue inaugurado en el Atlanta Show de Georgia, EE UU, en 1895.

• El grupo pop de mayor éxito hasta nuestros días son los Beatles (John Lennon, Paul McCartney, Ringo Starr y George Harrison) con más de 1 000 millones de cintas y discos vendidos como grupo, y otros tantos millones como solistas.

▶ *El espectáculo «El Muro» de Pink Floid, celebrado en 1990 en Berlin, Alemania, visto por unas 2 000 000 personas, fue el mayor concierto de rock que jamás se haya celebrado, con más de 600 artistas participantes.*

LITERATURA

Los primeros escritos fueron apuntes prácticos y documentos de negocios. La escritura creativa llegó más tarde, en forma de canciones y cuentos que rememoraban hazañas épicas, grandes reyes y antiguas memorias populares. La poesía (más fácil de recitar y recordar) apareció antes que la prosa. Todas las grandes lenguas de Oriente y Occidente tienen literaturas, con sus grandes dramaturgos, novelistas y poetas propios. Los críticos están generalmente de acuerdo al afirmar que el dramaturgo inglés William Shakespeare (1564–1616) es el escritor teatral más insigne del mundo. Además de obras como *Romeo y Julieta, Hamlet, Macbeth* y *El Sueño de una Noche de Verano*, es también conocido por su poesía, como los *Sonetos* (1609).

FESTIVALES DE ARTE

En el pasado, los artistas como músicos y pintores eran respaldados con frecuencia por mecenas adinerados. Hoy día, muy pocos artistas pueden esperar tal apoyo. Los festivales de arte proporcionan lugares de encuentro para que los artistas se reúnan y demuestren su arte y habilidades. Algunos festivales están especializados: el Festival de Jazz de Newport, en Rhode Island, EE UU, por ejemplo, o el Festival de Música de Salzburgo, en Austria, que conmemora la obra de Mozart. Otros, como el Festival de Edimburgo, en Escocia, son escaparates excepcionales para artistas del teatro, artes musicales, artes visuales, comedia y literatura.

▶ *El Edinburgh Festival Fringe –que incluye música, arte, drama y comedia– es el mayor festival anual de las artes del mundo.*

Todas las artes:	Edimburgo (Escocia)
	Avignon (Francia)
	Osaka (Japón)
Cine:	Cannes (Francia)
	Berlín (Alemania)
	Venecia (Italia)
Música:	Salzburgo (Mozart) (Austria)
	Bayreuth (Wagner) (Alemania)
	Aldeburgh (clásica) (Inglaterra)
	Tanglewood (clásica) (EE UU)
	Newport, R.I. (jazz) (EE UU)
	Aix-en-Provence (clásica) (Francia)
Televisión:	Montreux (Suiza)
Teatro:	Stratford (Shakespeare) (Ont., Canadá).

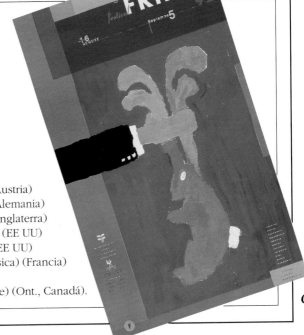

RECURSOS

Agricultura

La Tierra es rica en recursos como campos de cultivo, minerales y energía. Sin embargo, la población mundial crece tan deprisa y consume tan rápido estos recursos, que hay que conservarlos. Los agricultores producen la mayoría de los alimentos y muchos de los materiales que utilizamos. En todo el mundo se plantan cereales (trigo, maíz y arroz), cultivos de raíz (patatas y mandioca), legumbres (alubias y guisantes), frutas y hortalizas, cultivos de aceite, azúcar de caña y remolachas, nueces, y cultivos tales como el té y el café. Entre el ganado se encuentra el vacuno, avícola, porcino, bovino y caprino. Las tierras fértiles y los recursos alimenticios están distribuidos de forma desigual en el mundo. Europa, América del Norte y Australia son capaces de abastecer a su población. Pero en los países más pobres, los granjeros se encuentran a falta de recursos y a menudo no pueden alimentar a sus propias familias.

PRINCIPALES PRODUCTORES	Trigo	Arroz	Patatas	Azúcar	Soja	Vino
1º	CEI	China	CEI	Brasil	EE UU	Italia
2º	China	India	Polonia	India	Brasil	Francia
3º	EE UU	Indonesia	China	CEI	China	España

PRODUCCIÓN MUNDIAL DE CULTIVOS

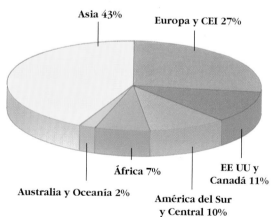

Asia 43%
Europa y CEI 27%
África 7%
Australia y Oceanía 2%
América del Sur y Central 10%
EE UU y Canadá 11%

▲ *Los tres primeros productores de seis productos agrícolas importantes: trigo, arroz, patatas, azúcar, soja, alubias y vino (CEI= Comunidad de Estados Independientes, antigua URSS)*

▶ *Los campos de arroz en terrazas permiten la máxima utilización de las laderas de las colinas para tierras de cultivos.*

▶ *Las personas tienden a comer más aves y menos carne de vaca y cerdo. EE UU, CEI, China, Brasil y Francia tienen el 60% de la producción de aves. Europa sobresale en la producción de productos lácteos. En India se concentra el mayor número de ganado vacuno, pero los hindúes no comen este tipo de carne.*

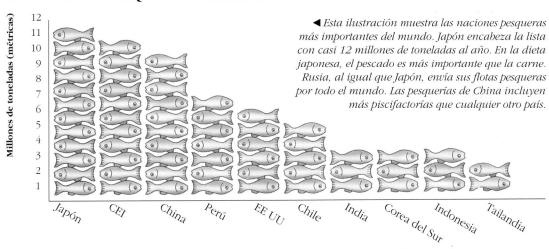

PRINCIPALES PRODUCTORES	Vacas	Cerdos	Ovejas	Aves	Cabras
1º	EE UU	China	Australia	EE UU	India
2º	CEI	CEI	CEI	CEI	China
3º	Brasil	EE UU	China	Brasil	Paquistán

LAS DIEZ NACIONES PESQUERAS MÁS IMPORTANTES

Millones de toneladas (métricas)

12 11 10 9 8 7 6 5 4 3 2 1

Japón CEI China Perú EE UU Chile India Corea del Sur Indonesia Tailandia

◀ *Esta ilustración muestra las naciones pesqueras más importantes del mundo. Japón encabeza la lista con casi 12 millones de toneladas al año. En la dieta japonesa, el pescado es más importante que la carne. Rusia, al igual que Japón, envía sus flotas pesqueras por todo el mundo. Las pesquerías de China incluyen más piscifactorías que cualquier otro país.*

AYUDA ALIMENTICIA

Muchas personas de los países más pobres ingieren menos de 2 000 calorías al día. La cantidad diaria para una dieta sana son 3 000 para un hombre y 2 200 para una mujer. La ayuda alimenticia de los países desarrollados ayuda a sobrevivir a algunos de los más hambrientos.

¿CUÁNTAS PERSONAS TRABAJAN LA TIERRA?

Porcentaje de la población empleada en la agricultura (1990)

Países desarrollados
8,4%

Países en vías de desarrollo
59,6%

◀ *En los países más pobres, más de la mitad de la población se dedica a las labores del campo. Muchos son agricultores de subsistencia, que plantan tan sólo la comida suficiente para alimentar a su familia. En los países más ricos (América del Norte, Europa y Australia), los campos suelen ser más extensos y se cultiva con fines comerciales. Se necesitan muy pocos trabajadores, pues la maquinaria realiza la mayor parte del trabajo.*

◀ *Pescadores portugueses seleccionando su captura. Un exceso de pesca ha reducido el número de peces de muchos mares. Se deben conservar los peces y no capturarlos hasta su extinción. Una solución serían las piscifactorías.*

▼ *Trilladoras cosechando trigo en América del Norte. La producción mundial de trigo se sitúa cerca de los 600 millones de toneladas al año. China produce la mayor cantidad de trigo, pero América del Norte es la mayor exportadora.*

Materias y minerales

La madera es un material muy preciado que puede ser renovado. Los metales y minerales no pueden ser reemplazados una vez que han sido extraídos de la tierra. Entre éstos se encuentran el hierro, cobre, latón, oro, piedra de construcción y fosfatos. Los métodos de minería incluyen pozos o minería a cielo abierto, dragados y explotación de canteras. Dos materiales claves son el petróleo y la bauxita. El petróleo se utiliza como combustible; sus derivados incluyen productos químicos y plásticos. De la bauxita procede el aluminio, un metal utilizado en la fabricación de diversos artículos.

HECHOS SOBRE LA MINERÍA

- El estado líder en extracción de petróleo y gas en EE UU es Texas.
- Las mayores minas de oro están en Sudán.
- El pozo de carbón más profundo (2 042 m) se encuentra en los yacimientos de carbón de Donbas, en Ucrania.
- Australia es el primer país productor de diamantes y de bauxita del mundo.
- Canadá extrae casi todo el uranio y el cinc.

▶ *La mayoría de las maderas tropicales duras exportadas se dirigen a Japón; el resto a China y Europa. Países como Brasil, Filipinas y Malaisia son los que proporcionan el 70% de las exportaciones de maderas tropicales. Para el año 2000 puede que no queden bosques útiles en Filipinas.*

▶ *En los países en vías de desarrollo, se quema mucha madera a modo de combustible. Más del 90% de la madera cortada en la India se utiliza en las cocinas.*

▼ *Las selvas pluviales tropicales están siendo taladas a una velocidad alarmante. La selva del Amazonas es la fuente natural de vegetación más extensa del mundo.*

CINCO PRIMEROS PRODUCTORES DE MADERA DURA (1988)

India (220)
EE UU (190)
Indonesia (170)
Brasil (170)
China (135)

millones de m³

0   25   50   75   100   125   150   175   200   225   250

CINCO PRIMEROS PRODUCTORES DE CARBÓN VEGETAL

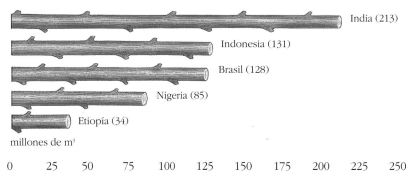

India (213)
Indonesia (131)
Brasil (128)
Nigeria (85)
Etiopía (34)

millones de m³

0   25   50   75   100   125   150   175   200   225   250

▼ *Las minas de cielo abierto son el modo más barato de extraer minerales. La mina de cobre Bringham Canyon de Utah, EE UU, es la cantera en explotación más grande del mundo.*

REDUCCIÓN DE LA SELVA PLUVIAL BRASILEÑA

Extensión de la selva tropical

(Previsto) 2010

1900

década de 1980

MINERALES BAJO EL MAR

Las fuentes minerales existentes sobre la Tierra se están agotando a una velocidad alarmante. Las generaciones futuras deberán volverse en los océanos en busca de nuevas fuentes. Los valiosos minerales encontrados sobre la Tierra también pueden extraerse del mar (aunque es bastante costoso). Aproximadamente el 20% del petróleo mundial proviene de pozos submarinos. Enormes reservas de minerales yacen en el lecho marino en forma de nódulos de manganeso.

Plataforma petrolífera de perforación submarina

PRODUCTORES DE PETRÓLEO

Los principales productores de petróleo crudo (sin refinar) son EE UU y Arabia Saudí. La producción de todas las repúblicas de la CEI es mayor.

1 barril= 1 000 litros

CEI 4,4 billones de barriles   EE UU 2,8 billones   Arabia Saudí 1,8 billones   Irán 1 billón   Irak 1 billón   China 956 millones   México 850 millones

▶ *Existen 3 000 tipos diferentes de minerales. Unos cien minerales aproximadamente son bastante comunes y aquellos como el aluminio y el hierro se utilizan en grandes cantidades. Otros minerales (como el titanio) son relativamente escasos. El cuadro muestra una lista de minerales importantes, sus usos y los principales productores del mundo.*

PRODUCCIÓN DE CARBÓN

EE UU y Australia son los principales exportadores de carbón. Canadá, Polonia, Sudáfrica, Rusia y Ucrania son también grandes exportadores. China extrae y consume más carbón que cualquier otra nación. La producción de carbón mundial ha aumentado desde la década de 1970, pero el precio del carbón se está viendo incrementado por los costes medioambientales, como los purificadores de aire en las estaciones de energía carbonífera. Además, a medida que los depósitos se van utilizando, las minas son cada vez más profundas, con los que estos costes son siempre más elevados que en las minas de cielo abierto.

PRINCIPALES PRODUCTORES DE CARBÓN
(millones de toneladas)

China (956)   EE UU (862)   CEI (en su mayor parte Rusia y Ucrania) 785   Alemania 500   Polonia 284

MATERIALES	USOS	PRINCIPALES PRODUCTORES
Aluminio	cables de energía, papel de aluminio, raquetas de tenis, envases, latas	EE UU, CEI, Canadá, Brasil, Australia
Titanio	dióxido de titanio en pintura, papel, herramientas, aleación en aviones	CEI, Japón, EE UU, R U, China
Cromo	para la fabricación de acero inoxidable, chapado de metales, curtido para cuero	Sudáfrica, Zimbabwe
Cobre	cables eléctricos, maquinaria, aleaciones, insecticidas, pintura	Chile, EE UU, Canadá, CEI, Zambia, Zaire
Oro	monedas, joyas, pan de oro (en aleación con cobre o plata), electrónica	Sudáfrica, CEI, Canadá, EE UU, China, Australia
Hierro	hierro fundido, hierro forjado. La mayor parte se dedica a fabricar acero	CEI, Brasil, Australia, China, Canadá, Sudáfrica, Suecia
Plomo	baterías de plomo, aditivos, combustible (en declive), pinturas, rodamientos	EE UU, CEI, Australia, Canadá, Perú, China, México, Corea del Norte
Manganeso	derivados del manganeso, pinturas, aleación en la fabricación de acero	CEI, Sudáfrica, Brasil, India, China, Australia
Níquel	galvanoplastia, pilas secas, como aleación en la fabricación de acero	CEI, Canadá, Australia, Nueva Caledonia
Platino	contenedores químicos, joyas, instrumentos quirúrgicos, electrónica	CEI, Sudáfrica, Canadá, Japón, Australia
Plata	monedas, joyas, pilas, odontología, carretes fotográficos, electrónica	México, Perú, CEI, EE UU, Canadá, Polonia, Australia
Estaño	en latas de acero, soldaduras, bronce, pasta dentrífica, techumbres	Malaisia, Perú, CEI, Indonesia, Brasil, China, Australia
Cinc	en aleaciones, pilas, pinturas, electrochapados, cosméticos	Canadá, CEI, Australia, Perú, China, México, Chile

Energía

El mundo cuenta bastante con los «combustibles fósiles», como el carbón, gas natural y petróleo para la obtención de energía. Estos combustibles se formaron hace millones de años. Las reservas existentes pueden agotarse en cuestión de 100 y 300 años. Las reservas sin explotar tendrían una extracción muy costosa. Por lo tanto, necesitamos utilizar fuentes alternativas de energía (solar, eólica e hidráulica) para conservar las reservas de combustibles fósiles. La energía nuclear prometió una fuente de energía barata e ilimitada, pero ahora su futuro parece incierto debido a los costes y a los problemas derivados de su seguridad.

HECHOS SOBRE LA ENERGÍA

- La energía se mide en una unidad llamada julio (J), en honor al científico británico James Prescott Joule (1818–1889).
- El vatio (W) es una unidad de energía; velocidad de producir o utilizar energía, y se utiliza normalmente para medir energía eléctrica. El nombre proviene del pionero de la máquina de vapor James Watt (1736–1819).

CONSUMO MUNDIAL DE ENERGÍA

Energía en gigajulios

- más de 200
- 100–200
- 50-100
- 15-50
- Menos de 15
- Cifras no disponibles

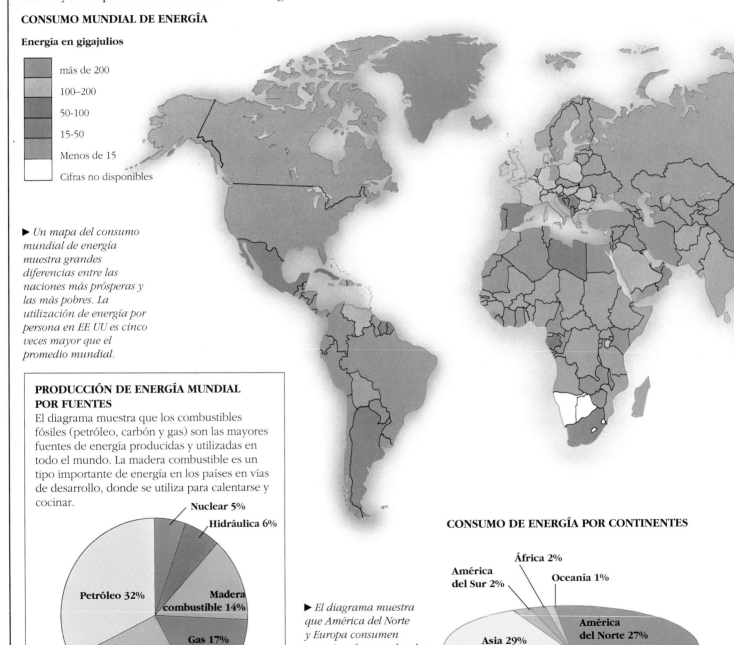

▶ *Un mapa del consumo mundial de energía muestra grandes diferencias entre las naciones más prósperas y las más pobres. La utilización de energía por persona en EE UU es cinco veces mayor que el promedio mundial.*

PRODUCCIÓN DE ENERGÍA MUNDIAL POR FUENTES

El diagrama muestra que los combustibles fósiles (petróleo, carbón y gas) son las mayores fuentes de energía producidas y utilizadas en todo el mundo. La madera combustible es un tipo importante de energía en los países en vías de desarrollo, donde se utiliza para calentarse y cocinar.

Nuclear 5%
Hidráulica 6%
Madera combustible 14%
Petróleo 32%
Gas 17%
Carbón 26%

▶ *El diagrama muestra que América del Norte y Europa consumen aproximadamente las dos terceras partes de la energía mundial. Junto con Japón, utilizan más energía de la que pueden producir.*

CONSUMO DE ENERGÍA POR CONTINENTES

África 2%
América del Sur 2%
Oceanía 1%
América del Norte 27%
Asia 29%
Europa 39%

ENERGÍA NUCLEAR

En un reactor nuclear, la energía producida por la fisión (división) de los átomos de uranio calienta el agua para que el vapor ponga en movimiento los generadores eléctricos. El primer reactor fue construido en la Universidad de Chicago en 1942. En años recientes, el alto coste y el temor a la seguridad han hecho que la energía nuclear sea menos atractiva, aunque la fusión nuclear (la unión de núcleos atómicos) podría ser una opción para el siglo que viene.

LOS PRIMEROS PRODUCTORES DE ENERGÍA NUCLEAR
(cantidad por año en kilowatios/hora (kw/h))

EE UU		527 billones
Francia		260 billones
CEI		204 billones
Japón		164 billones
Alemania		137 billones
Canadá		78 billones

= 40 billones kw/h

◄ *Las plantas nucleares producen radiactividad y desperdicios mortales. Un accidente, como el de Chernobyl en Rusia (1986) tiene consecuencias desastrosas.*

◄ *La planta energética situada en la Presa Itaipu, de 12 600 000 kilowatios, en el río Paraná en Brasil, es la presa hidroeléctrica de mayor energía del mundo. Una presa hidroeléctrica puede proveer de agua al igual que de electricidad.*

ENERGÍA HIDROELÉCTRICA

La mayoría de los esquemas hidroeléctricos conllevan la construcción de enormes presas para poder almacenar el agua en lagos artificiales. El agua se libera bajo una gran presión para hacer funcionar las turbinas que generan la electricidad. El 80% de la energía generada por algunos países, como Brasil, es hidráulica.

1 megavatio (MW)= 1 millón de vatios

PRESA	PAIS	PRODUCCION
Guri	Venezuela	10 300 MW
Grand Coulee	EE UU	7 460 MW*
Itaipu	Brasil/Paraguay	7 400 MW**
Sayano–Shushenk	Rusia	6 400 MW
Krasnoyarsk	Rusia	6 000 MW

* ascendiendo a 12 600 MW   ** ascendiendo a 10 800 MW

ENERGÍA ALTERNATIVA

En una estación eólica, un molino de viento llamado turbina de viento, produce energía al girar sus aspas contra el viento. Nuestra búsqueda de fuentes de energía más «ecológicas» (como la eólica, hidráulica y solar) se ve animada por el conocimiento de que el petróleo y el carbón no durarán para siempre. La energía eólica es muy práctica en algunas regiones: un generador puede iluminar 2 000 hogares.

◄ *Turbinas en una estación eólica en Long Island, EE UU. Casi todas las turbinas de viento tienen dos aspas en forma de hélice.*

Comercio e industria

Las naciones del mundo viven y se mantienen mediante el intercambio de mercancías como coches, algodón, y la oferta de servicios como seguros y vacaciones. Las mercancías y servicios son productos de la industria. La industria de manufactura es de gran importancia para la mayoría de las economías industriales y depende del abastecimiento de materias primas, como petróleo y carbón. Algunos países poseen abundantes materias primas, mientras que otros carecen de ellas casi por completo. Algunos países como Japón y Singapur aún pueden prosperar gracias al comercio a pesar de tener pocos recursos naturales propios.

PRINCIPALES ZONAS INDUSTRIALES

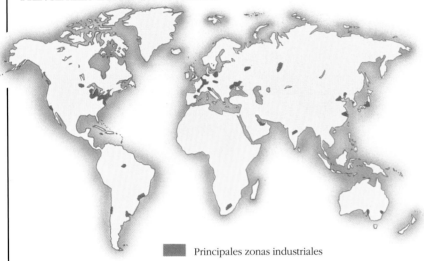

■ Principales zonas industriales

PRINCIPALES ZONAS INDUSTRIALES

América del Norte: Estados Unidos es la nación industrial más poderosa. Sus principales áreas de producción están situadas en el nordeste, medio oeste y en la costa oeste. La industria de manufactura da empleo al 17% de los trabajadores americanos.

América del Sur: Brasil es el principal productor del continente, seguido de Argentina y Chile.

Europa: Europa, especialmente el este, posee una poderosa economía industrial. La CE domina el comercio y la industria; Alemania está a la cabeza de la industria europea.

Asia: Japón es la nación comercial más importante. Es el mayor productor mundial de vehículos, barcos y televisores. Singapur, Corea del Sur y Taiwán tienen prósperas industrias de exportación. China todavía continúa manteniendo el sistema de fábricas controladas por el estado.

Rusia: El gigante industrial de la antigua URSS. Posee alta tecnología en algunas zonas (tecnología espacial), pero necesita modernizar sus industrias y estructura financiera.

Pacífico: Australia, Indonesia y Filipinas son las principales potencias industriales.

África: Algunos estados africanos tienen muy poca industria. La economía de los países del norte de África tiene como base el petróleo. Egipto y Nigeria tienen industria, aunque Sudáfrica es, con diferencia, el país industrial más rico.

PRINCIPALES SECTORES DEL COMERCIO INDUSTRIAL

Publicidad: Las mercancías se han anunciado desde los tiempos prerromanos, cuando los comerciantes colgaban carteles en el exterior de sus establecimientos. El anuncio de neón más grande del mundo actual es un cartel de cigarrillos de Hong Kong.

Aeroespacio: El mayor fabricante de aviones y aeronaves es la *Boeing*, de EE UU.

Banca: El banco con más sucursales es el Banco Estatal de la India (con más de 12 000 sucursales).

Coches: La *General Motors Corporation* de Detroit, EE UU, es la mayor compañía industrial del mundo. Además de vehículos, la *General Motors* está comprometida con la fabricación de equipos de defensa, servicios informáticos y aéreos, y tiene más de 750 000 empleados.

Ropa: La mayor compañía fabricante de ropa es *Levi Strauss*, muy conocida por sus pantalones vaqueros.

Juegos y juguetes: Esta industria está dominada por las compañías asiáticas que fabrican juguetes para los mercados occidentales.

Petroquímicos: Las naciones ricas en petróleo están ampliando su campo a los productos petroquímicos.

Medicinas: La compañía farmacéutica más importante del mundo es *Johnson & Johnson*, de EEUU.

Mudanzas: La *Shore Porters Society* de Aberdeen, Escocia, ha estado transportando mercancías desde 1498.

Venta al por menor: La mayor compañía de venta al por menor del mundo es *Sears, Roebuck and Co.*, de Chicago, EE UU. Fundada en 1886, es famosa por su venta por catálogo, además de sus establecimientos.

Construccion de barcos: Japón construye casi el 40% de los barcos del mundo.

Acero: La mayor compañía productora de acero es la *Nippon Steel Corporation* de Japón.

Telecomunicaciones: Japón fabrica la mayoría de televisores, con una producción anual de casi 18 millones.

Turismo: Los americanos obtienen más beneficios del turismo que ningún otro país, y también son los que más gastan en ello.

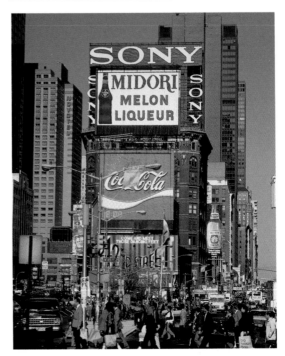

▲ *Alrededor de 110 billones de dólares se gastan en publicidad cada año en EE UU. Este gigantesco anuncio de neón se encuentra en Times Square, Nueva York.*

PRINCIPALES PAÍSES EXPORTADORES

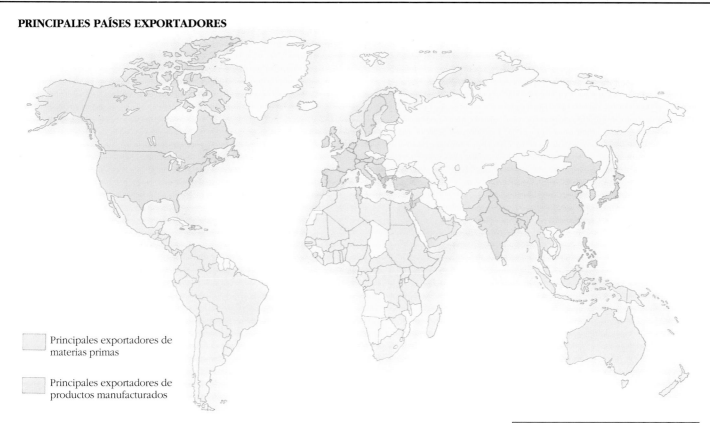

Principales exportadores de
materias primas

Principales exportadores de
productos manufacturados

▲ *Este mapa ilustra el
movimiento de las materias
primas y productos
manufacturados entre las
naciones desarrolladas y
en desarrollo. En general,
los países en desarrollo
proporcionan materias
primas, no productos
manufacturados. Japón, el
comerciante más
importante del mundo, se
apoya fuertemente en
materias primas
importadas.*

▶ *Las carreteras son el
modo de transporte más
común, tanto en naciones
pobres como en ricas. Las
granjas y fábricas
utilizan camiones para
transportar sus productos.*

▼ *Los barcos de carga
transportan mercancía
pesada. Los barcos que
cruzan el Canal de
Panamá toman un atajo
entre el Océano Pacífico
y Atlántico.*

**HECHOS SOBRE EL COMERCIO
Y LA INDUSTRIA**

• La mayor empresa del mundo
es la *Indian Railways* con 1,6
millones de trabajadores.

• A pesar de que la agricultura a
menudo se denomina la industria
más antigua, la evidencia más
temprana de agricultura data del
9000 a. C., millones de años
después de que los hombres
comenzaran a fabricar
herramientas de piedra.

• Con una producción de más de
8 millones de coches anuales,
Japón fabrica más coches que
ningún otro país.

• El mundo en desarrollo posee
solamente el 14% de la industria
mundial. Muchos países pobres
producen únicamente un artículo
de exportación: por ejemplo, 62
países diferentes compiten para
vender café al extranjero.

• La *Faversham Oyster Company*
de Inglaterra proclama haber
existido desde «tiempos
inmemoriales». Según la ley
inglesa esto significa antes de
1189, lo que la convierte en la
compañía más antigua del
mundo.

Dinero y deuda

El mundo se está haciendo más rico. Desde principios de siglo, los servicios y mercancías se han multiplicado por 20. Un número reducido de países ricos dominan la economía mundial. Los países pobres piden préstamos para financiar el desarrollo y, con frecuencia, no son capaces de pagar las crecientes deudas. Podemos comparar la riqueza nacional al mirar al producto nacional bruto (PNB) por habitante. Por ejemplo, Suiza (más de 35 000 dólares de producción anual por persona) es mucho más rica que Etiopía (unos 120 dólares anuales por persona).

MONEDAS POPULARES

Muchos países utilizan el mismo nombre para su dinero. EE UU, Australia, Fiji, Jamaica, Singapur y Zimbabwe tienen dólares. Francia, Bélgica y varios paises africanos utilizan francos. Los dinares se emplean en Argelia, Irak, Jordania y Túnez. Irlanda, Líbano y Siria, además del Reino Unido, tienen libras. Otras monedas, como el zloty polaco o el yen japonés son únicas.

RIQUEZA MEDIA POR PERSONA POR PAÍS (PNB PER CÁPITA)

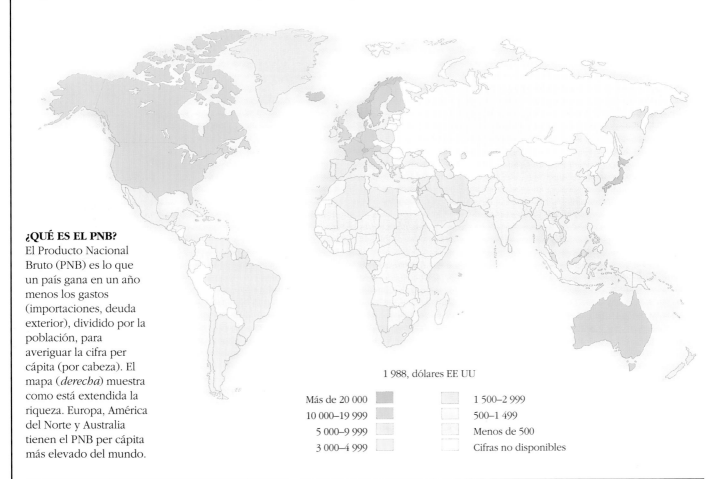

¿QUÉ ES EL PNB?

El Producto Nacional Bruto (PNB) es lo que un país gana en un año menos los gastos (importaciones, deuda exterior), dividido por la población, para averiguar la cifra per cápita (por cabeza). El mapa (*derecha*) muestra como está extendida la riqueza. Europa, América del Norte y Australia tienen el PNB per cápita más elevado del mundo.

1 988, dólares EE UU

Más de 20 000	1 500–2 999
10 000–19 999	500–1 499
5 000–9 999	Menos de 500
3 000–4 999	Cifras no disponibles

EL DINERO MÁS ANTIGUO

- El primer comercio se llevó a cabo sin dinero, mediante trueque (intercambio). Las monedas se utilizaron por primera vez en la antigua Grecia, India y China, donde se empleaba metal como dinero ya en el 1100 a. C.
- Los chinos inventaron los billetes en el año 800 d. C. El uso chino de papel moneda en lugar de moneda fascinó al viajero italiano Marco Polo en el siglo XIII. Los europeos no utilizaron papel moneda hasta el siglo XVII, cuando se pusieron en circulación los primeros billetes.

LOS RICOS SE HACEN MÁS RICOS

Tomando al mundo en su totalidad, los ingresos medios por persona se han duplicado desde 1950. Pero mientras un estadounidense es tres veces más rico hoy que en 1950, un etíope no ha mejorado su situación.

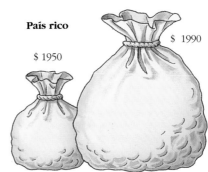

País rico

$ 1950

$ 1990

País de ingresos medios

$ 1990

$ 1950

País pobre

$ 1990

$ 1950

AYUDA Y DEUDA

Muchas naciones pobres tienen una gran deuda, que asciende a mucho más de lo que pidieron. Cuando los precios del petróleo se elevaron en la década de 1970, las naciones en desarrollo pidieron préstamos para pagar las facturas petrolíferas y financiar proyectos de desarrollo. Con la subida de los intereses y el declive del comercio mundial, estos países se enfrentaron a enormes deudas. La ayuda prestada se puede calcular en total de dinero aportado, o como porcentaje de los ingresos nacionales. EE UU, Japón, Francia y Alemania ofrecieron la mayor parte de la ayuda; Noruega se sitúa a la cabeza en términos de porcentaje de PNB (1,17%).

▼ *En la planta de comercio de la Bolsa de París, en Francia, grandes cantidades de dinero cambian de mano cada hora en los mercados mundiales de moneda y acciones.*

PRINCIPALES DONANTES DE AYUDA (1988)

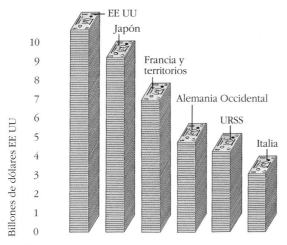

Billones de dólares EE UU

EE UU
Japón
Francia y territorios
Alemania Occidental
URSS
Italia

PAÍSES CON MAYOR DEUDA

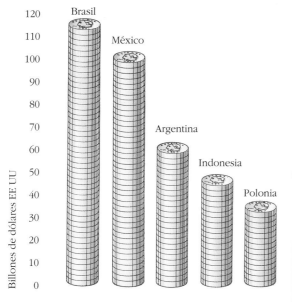

Billones de dólares EE UU

Brasil
México
Argentina
Indonesia
Polonia

HECHOS SOBRE EL DINERO

• El Grupo de los Siete o naciones G7 (las más ricas) está formado por EE UU, Japón, Alemania, Francia, Gran Bretaña, Canadá e Italia.

• El abismo entre los más ricos y los más pobres puede ser inmenso. En Brasil, el 20% más rico de la población gana 28 veces más que el 20% más pobre.

• Cerca de 50 países, principalmente en África y Asia tienen PNBs per cápita inferiores a 500 dólares EE UU.

• El país más rico del mundo en términos de PNB per cápita es Suiza: 35 000 dólares EE UU. El más pobre es Mozambique donde el PNB per cápita es de sólo 80 dólares EE UU.

• El mayor banco del mundo es el Banco Mundial (World Bank), o el Banco Internacional para la Reconstrucción y el Desarrollo, fundado en 1945. La entidad, una agencia de las Naciones Unidas, presta dinero a países para proyectos básicos como sistemas de riego.

▲ *Aunque cada país tiene su propio sistema monetario, todos emplean monedas y papel moneda que tienen muy poco valor en sí mismos.*

• El término «millonario» se utilizó por primera vez a mediados del siglo XVIII. Los más ricos son, con frecuencia, reservados sobre su riqueza. Aún así, las personas más ricas del mundo son Yoshiaki Tsutsumi de Japón y el sultán de Brunei, ambos con fortunas que superan los 16 billones de dólares EE UU. Se dice que la mujer más rica del mundo es la Reina de Inglaterra; sin embargo, sólo una porción de sus posesiones (valorada en 7 billones de libras) son personales.

• El país con mayores reservas de oro es Estados Unidos, con cerca de un cuarto del oro mundial. Estas reservas están almacenadas en barras de 12,4414 kg en la base de la Armada de EE UU en Fort Knox, Kentucky. Como se puede imaginar, Fort Knox es uno de los edificios más seguros del mundo.

Educación y salud

Una nación rica debería tener ciudadanos educados y sanos. Una nación pobre también aspira a estos ideales, pero se enfrenta a problemas desalentadores. Los países pobres cuentan con muy pocos médicos y hospitales, y muy pocos profesores y escuelas. Cada año, unos 5 millones de niños de países en desarrollo mueren de diarrea, causada por la ingestión de agua sucia. La educación es especialmente importante: sin ella, no se pueden alcanzar las esperanzas de una vida mejor. Más de un cuarto de los habitantes del mundo no saben leer ni escribir.

Un médico

200 pacientes

▼ *La ilustración inferior compara el número de pacientes por médico en algunos países. Burkina Faso, un país pobre de África Occidental, es un pequeño ejemplo típico de otros muchos estados africanos: tiene un solo médico por cada 30 000 personas. Compara la proporción de médicos y pacientes en EE UU y Alemania.*

PERSONAS POR MÉDICO (PAÍSES SELECCIONADOS)

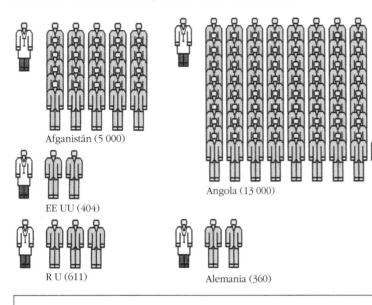

Afganistán (5 000)

EE UU (404)

Angola (13 000)

R U (611)

Alemania (360)

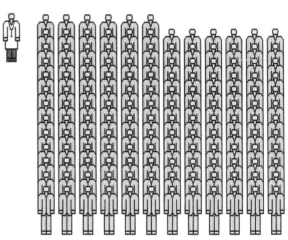

Burkina Faso (30 000)

CAMAS DE HOSPITAL

Un hospital no puede funcionar sin médicos y enfermeras, medicinas y agua limpia, lavandería y electricidad. En el mundo subdesarrollado, un enfermo tiene pocas esperanzas de conseguir una cama hospitalaria. En Afganistán, hay cinco camas por cada 10 000 personas. En Noruega 152 camas sirven al mismo número de personas.

▼ *Una sala de un hospital británico. A pesar de las listas de espera, los habitantes de los países más ricos consiguen, tarde o temprano, una cama en un hospital.*

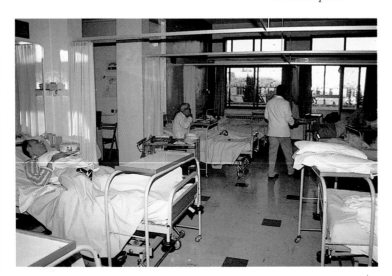

SALUD Y BIENESTAR

Los países ricos pueden afrontar los costes de progamas de salud y bienestar para sus ciudadanos, proporcionando pensiones a los ciudadanos y manutención a madres de niños más pequeños. La tabla inferior contrasta lo que Australia y Etiopía pueden ofrecer a sus habitantes.

SEGURIDAD SOCIAL	Australia	Etiopía
Accidente laboral	✓	✓
Pensión de ancianidad	✓	✗
Subsidio de enfermedad/maternidad	✓	✗
Subsidio de desempleo	✓	✗
Ayuda familiar	✓	✗

LA ORGANIZACIÓN MUNDIAL DE LA SALUD

La Organización Mundial de la Salud es una agencia de la ONU. Tiene su sede en Ginebra. Su proposito es mejorar los niveles de salud en todo el mundo. Uno de sus logros fue la erradicación de la viruela en la década de 1970.

▶ *La Cruz Roja proporciona ayuda y socorro a países en desarrollo como Burkina Faso, en África Occidental.*

▼ *En muchos países, el agua corriente es un lujo. La mayoría de la gente tiene que beber agua sucia.*

Porcentaje de personas con acceso a agua limpia

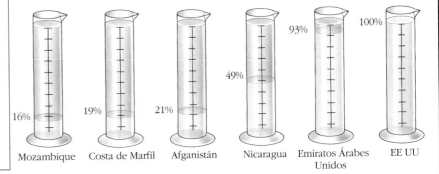

Mozambique	Costa de Marfil	Afganistán	Nicaragua	Emiratos Árabes Unidos	EE UU
16%	19%	21%	49%	93%	100%

ANALFABETISMO ADULTO POR PAÍS

- Más del 95 %
- 80–94 %
- 60–79 %
- 40–59 %
- Menos del 40 %
- Cifras no disponibles

▲ *El mapa indica cuántas personas (como porcentaje de población) pueden leer y escribir. El alfabetismo masivo (más del 90%) es todavía algo muy lejano.*

▶ *En algunos países, todavía se niega la educación a las mujeres, quienes van por detrás de los hombres en lo que educación se refiere.*

ALFABETISMO MASCULINO

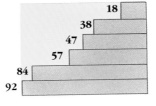

18	
38	
47	
57	
84	
92	

SOMALIA	
SIERRA LEONA	
OMÁN	
INDIA	
BOLIVIA	
LAOS	

ALFABETISMO FEMENINO

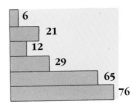

6	
21	
12	
29	
65	
76	

POLÍTICA

Gobierno

Los gobiernos existen porque la sociedad necesita una estructura para la promulgación de las leyes, defensa de los ciudadanos, establecimiento de impuestos y gastos para el bien común. Los primeros gobiernos fueron autoritarios. La Grecia clásica fue la primera civilización que experimentó con la democracia, o gobierno del pueblo. Hoy día, la democracia aún persiste de varias formas. El modo de gobierno más común es la república, con un parlamento elegido hacedor de leyes y un presidente. Esencial en la idea de democracia es el concepto de elección: los partidos proponen ideas, que son elegidas o rechazadas por los votantes. La mayoría de las democracias tienen dos o más partidos políticos, aunque abundan los estados de un solo partido. A pesar de perder su fuerza en Europa, el comunismo aún tiene un fuerte empuje en China, el país más poblado del mundo.

TIPOS DE GOBIERNO

- Monarquía
- Monarquía constitucional federal
- República
- Estado comunista/socialista
- República federal

Comunismo: Sistema basado en las teorías políticas del siglo XIX de Karl Marx. Marx era partidario de una lucha de clases y de una sociedad en la que toda la propiedad fuese pública. Los estados comunistas son por lo general dictatoriales, con un solo partido.

Dictadura: Gobierno de una sola persona, grupo o comité cuya palabra es ley. El término *dictador* se originó en la Roma antigua cuando el senador romano señalaba a individuos como «dictadores» en épocas de emergencia nacional.

Federalismo: Unión de dos o más estados con autogobierno, que se ponen de acuerdo en la aceptación de un único gobierno para ciertas materias. Entre los países con sistemas federales se encuentran EE UU, Australia, Canadá y Suiza.

Monarquía: Gobierno de un rey, reina, emperador o emperatriz. Normalmente una monarquía tendría un poder supremo, pero el poder de una monarquía constitucional se encuentra limitado por la constitución del país a deberes principalmente ceremoniales.

Oligarquía: Gobierno de un pequeño grupo. Una república sería una oligarquía si tan sólo pudiesen votar unas cuantas personas. Las oligarquías de épocas anteriores incluían la mayoría de las ciudades–estado griegas.

República: Estado donde el poder se centra en los representantes elegidos que actúan en nombre de las personas que los eligieron. Un presidente elegido en vez de un monarca es la cabeza de estado o cabeza de gobierno.

SISTEMAS DE GOBIERNO

Dos sistemas importantes de gobierno están representados en el diagrama por aquellos de Estados Unidos (una república federal) y el Reino Unido (una monarquía parlamentaria).

El sistema británico, que no tiene constitución escrita, ha evolucionado afirmando el poder de su parlamento. El sistema norteamericano está basado en una constitución escrita, ratificada en 1788.

REINO UNIDO

LA CORONA

El monarca es la cabeza del estado; el gobierno actúa en favor de la corona. El monarca no tiene poder pero se le mantiene informado de las acciones de gobierno.

ESTADOS UNIDOS

PRESIDENTE

Cabeza de estado con poderes ejecutivos, tambien cabeza de las fuerzas armadas. Elegido por un período de 4 años. Tiene poder para designar cargos y para vetar leyes aprobadas por el Congreso.

PRIMER MINISTRO

Cabeza del gobierno, normalmente elegido por el partido gobernante. Elige a los ministros del gobierno, incluyendo a los ministros del Gabinete Superior. La duración de su mandato está fijada.

LEGISLACIÓN

El Congreso tiene dos representantes. Todos los miembros son elegidos por períodos determinados. Pueden aprobar leyes y hacer fracasar los vetos del presidente

PARLAMENTO

Dos cámaras, las de los Comunes, elegidos, (65 miembros) y la de los Lores, no elegidos, (hereditario y de por vida; algunos arzobispos y jueces). Cada cinco años se convocan elecciones generales.

JUDICATURA

La Corte Suprema de EE UU es el juzgado de mayor prestigio en EE UU. El presidente elige a los jueces, sujetos al consentimiento del Senado, para decidir si las leyes son constitucionales.

JUDICATURA

Los juzgados de la Cámara de los Lores son el tribunal superior del Reino Unido. La judicatura es independiente del gobierno. Ningún juzgado británico puede desobedecer una decisión del parlamento.

GOBIERNO LOCAL

Los gobiernos nacionales se dedican a los asuntos nacionales: impuestos, finanzas, defensa y política exterior. Muchos países también tienen gobiernos estatales o provinciales con poderes bastante considerables. A nivel local, el gobierno regional y de la ciudad se lleva a cabo por asambleas de miembros electos y por oficiales. Las responsabilidades del gobierno local varían según los países pero a menudo incluyen servicios como la educación, planificación de la ciudad, recogida de basuras, parques y zonas de recreo, servicios policiales y de bomberos y carreteras. Para pagar estos servicios, los gobiernos locales normalmente recogen impuestos, pagados por los contribuyentes, que se suman a los impuestos nacionales.

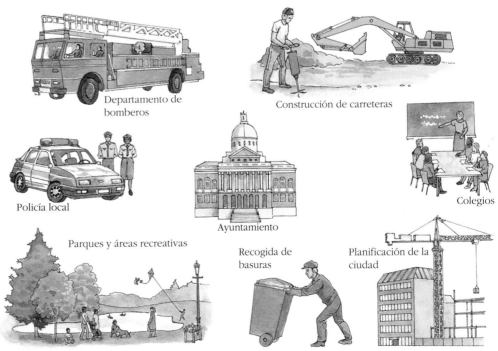

Departamento de bomberos

Construcción de carreteras

Policía local

Ayuntamiento

Colegios

Parques y áreas recreativas

Recogida de basuras

Planificación de la ciudad

Hechos y récords de los gobiernos

Las Naciones Unidas constan de más de 170 países miembros. Cada uno tiene su propio sistema de gobierno, a menudo moldeado según uno de los mayores sistemas del mundo (como las repúblicas presidenciales de EE UU o Francia), pero con sus propias características distintivas. Las monarquías sobreviven en países renovados por el liberalismo democrático, como España, al igual que en otros países más tradicionales como Arabia Saudí. Hoy día, como en el pasado, los dictadores suben al poder y caen, estableciendo sus propios récords de mala administración.

▼ *El profeta del comunismo, Karl Marx (1818–1883), ha ejercido gran influencia en la política moderna: más que ninguna otra persona.*

GOBIERNO Y EJECUTIVO

Los **gobiernos nacionales** promulgan leyes que aplican por toda la nación. Los países (como Canadá) son uniones o federaciones, con el poder compartido entre el gobierno central y los gobiernos regionales que se encargan de sus propias leyes. Las **leyes** son propuestas por el presidente, por los ministros o por los miembros de una asamblea ejecutiva. Una ley comienza como un proyecto, que la asamblea discute, a menudo modifica y luego vota antes de convertirse en ley. La idea democrática de **«una persona, un voto»** es un concepto moderno que data de principios del siglo XIX.

▲ *Bajo el fuero de las Naciones Unidas, el Consejo de Seguridad tiene la responsabilidad de mantener la paz mundial.*

▼ *El Capitolio de Washington D. C., es el emplazamiento del Congreso de los Estados Unidos.*

DERECHO AL VOTO

Antes de 1800 muy pocos tenían derecho a votar. Los afroamericanos de EE UU tuvieron que luchar para ganar el voto y hasta principios del siglo XX las mujeres tuvieron un papel nada vinculante. Las campañas sufragistas *(izquierda)* ganaron el derecho de voto para las mujeres (1893 Nueva Zelanda, 1902 Australia, 1920 EE UU, 1928 R U). El voto no es obligatorio en algunos países. En otros (Australia) todas las personas censadas para votar en las elecciones deben hacerlo.

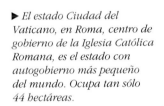

▶ *El estado Ciudad del Vaticano, en Roma, centro de gobierno de la Iglesia Católica Romana, es el estado con autogobierno más pequeño del mundo. Ocupa tan sólo 44 hectáreas.*

MONARQUÍA

A diferencia de otros cabezas de estado, los monarcas heredan el trono de un miembro de su familia, como su padre o madre. En el pasado, a menudo proclamaban ser representantes de Dios; en Europa esta creencia se conoció como el «derecho divino de los reyes». Los japoneses veneraban a sus emperadores como seres divinos hasta 1946. Después de la derrota japonesa en la II Guerra Mundial, el emperador Hirohito renunció a esta doctrina. Hirohito reinó como monarca constitucional hasta su muerte en 1989, cuando su hijo Akihito, le sucedió en el trono *(derecha)*.

Conflicto

Los seres humanos han luchado desde mucho antes que la historia registrara los triunfos de los ganadores. Las rivalidades territoriales y el afán de poder son factores comunes a muchos conflictos. El siglo XX ha presenciado dos guerras mundiales y muchas menores. La «guerra fría» entre la URSS y EE UU finalizó a principios de la década de 1990. La costosa carrera de armamento tecnológico entre Oriente y Occidente también ha acabado, pero la paz global parece un objetivo difícil. El terrorismo y las guerras civiles aún atemorizan y devastan las zonas más problemáticas del mundo.

▲ Oriente Medio ha sido una zona clave en los conflictos del siglo XX. Arabia Saudí formó parte de la fuerza aliada que luchó contra Irak en la Guerra del Golfo de 1991.

ÁREAS EN CONFLICTO EN EL MUNDO

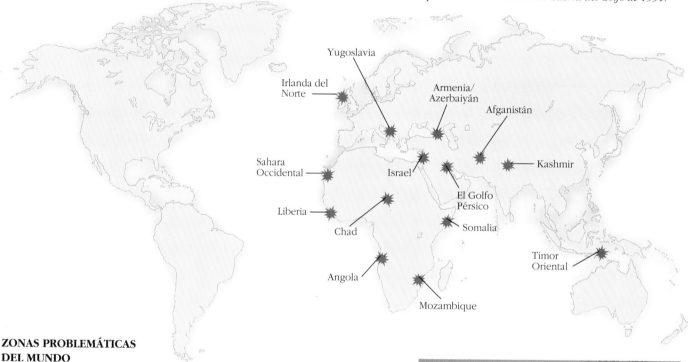

ZONAS PROBLEMÁTICAS DEL MUNDO

Afganistán: Las tropas soviéticas salieron en 1989, pero la guerra civil continúa entre el gobierno y las guerrillas.
Angola: Guerra civil desde 1970 entre el gobierno y los rebeldes UNITA.
Armenia: Reciente república exsoviética independiente, que lucha contra su vecina Azerbaiyán por el territorio de Nagorno Karabakh.
Chad: Guerra civil. Libia y Francia respaldan a los bandos enfrentados.
Timor Oriental: Anterior colonia portuguesa, gobernada por Indonesia contra los deseos de los habitantes.
Golfo Pérsico: Irak invadió Kuwait en 1990. Fue derrotado por las fuerzas aliadas en 1991.
Israel: En desacuerdo con sus vecinos árabes desde la fundación de un estado judío en 1948.

Kashmir: Territorio disputado entre India y Paquistán.
Liberia: Guerra civil que comenzó en 1990 después de que los rebeldes derrocaran al Presidente Samuel Doe.
Mozambique: Guerra civil que ha devastado el país y ha dejado cinco millones de personas sin hogar.
Irlanda del Norte: Parte disputada del R U; el terrorismo comenzó a finales de los años 60.
Somalia: Guerra civil que siguió al derrumbamiento del gobierno de Siyad Barrah en 1991.
Sahara Occidental: Reclamado por Marruecos, disputado por el Frente Polisario Nacionalista.
Yugoslavia: República federal dividida por la guerra civil. Croacia, Eslovenia, Bosnia–Herzegovina y Macedonia reclaman su independencia.

▲ Soldados de Naciones Unidas en la antigua Yugoslavia en 1992. Las Naciones Unidas no poseen el poder militar para poner fin a los conflictos, pero pueden actuar como los guardianes de la paz entre los bandos opuestos en un conflicto.

◄ *El fin de la Guerra Fría presenció el final de la influencia de la Unión Soviética: aquí, en 1989, la multitud en la plaza de Praga vitorea a los líderes democráticos checoslovacos.*

▼ *Aviones de las potencias mayores: el ruso Mig–29 es un avanzado caza de combate. Las Fuerzas Aéreas norteamericanas utilizan los bombarderos B–52, al igual que el ultramoderno Stealth.*

EL COSTE DE UNA GUERRA MUNDIAL

La II Guerra Mundial (1939–1945) se cobró al menos 55 millones de vidas, más que todas las anteriores guerras históricas juntas. Al menos 40 millones de aquellos que murieron eran civiles. La mayoría vivían en Rusia, Polonia y China.

DATOS SOBRE LAS FUERZAS ARMADAS

EE UU posee las fuerzas armadas más poderosas del mundo, pero en vez de apoyarse en un gran número de soldados, lo hace en la tecnología. Las fuerzas de la antigua Unión Soviética, numéricamente las más grandes del mundo, están hoy día controladas por las repúblicas de la Comunidad de Estados Independientes (CEI). El gráfico inferior compara los cinco ejércitos más grandes del mundo.

LOS CINCO EJÉRCITOS MÁS GRANDES

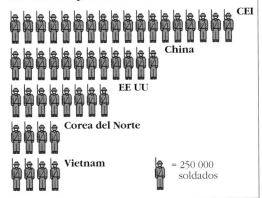

CEI

China

EE UU

Corea del Norte

Vietnam

= 250 000 soldados

Bombardero B–2 Stealth

MIG–29

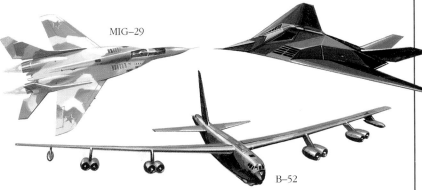

B–52

▶ *El sistema de defensa norteamericano de la llamada Guerra de las Galaxias utiliza computadoras, láseres, satélites y misiles. Fue diseñado para derribar cohetes soviéticos. Con el final de la Guerra Fría, Rusia y Estados Unidos pueden cooperar en la creación de un escudo defensivo en el espacio.*

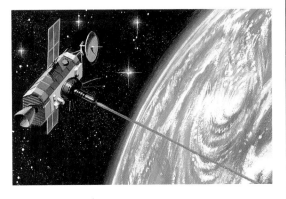

▼ *Los barcos más grandes de la marina norteamericana, la mayor marina del mundo, son portaaviones de energía nuclear y tres barcos de guerra veteranos. Los submarinos Tifón (Rusia) son los más grandes que se encuentran en servicio.*

Missouri EE UU

Nimitz EE UU

Submarino Tifón

Banderas

No todas las banderas son banderas nacionales. Los gobernantes (presidentes o reinas, por ejemplo) pueden tener sus propias banderas. Así también lo hacen algunas organizaciones, como Naciones Unidas. Los regimientos del ejército y barcos tienen también sus propias banderas. Algunas banderas nacionales tienen historias muy largas. Dinamarca, por ejemplo, ha tenido la misma bandera durante más de 700 años. La bandera roja socialista de la Unión Soviética, con su estrella roja comunista, la hoz y el martillo, ha dado ahora paso a varias banderas adoptadas o readoptadas por las repúblicas independientes.

BANDERAS Y SÍMBOLOS

NACIONES UNIDAS

JUEGOS OLÍMPICOS

SCOUTS

CRUZ ROJA

UNIÓN EUROPEA

LIGA ÁRABE

La bandera de la Organización de las Naciones Unidas (vista polar de un mapamundi rodeado por una guirnalda de hojas de olivo) se reconoce en todos los lugares como un emblema de paz. Otros emblemas de paz reconocidos son la bandera de los Juegos Olímpicos y banderas de organizaciones sanitarias como la de la Cruz Roja. Agrupaciones regionales de países como la Comunidad Europea y la Liga de los Estados Árabes tienen su propia bandera, al igual que la organización scout.

AFGANISTÁN

ALBANIA

ARGELIA

ANDORRA

ANGOLA

ANTIGUA Y BARBUDA

ARGENTINA

ARMENIA

AUSTRALIA

AUSTRIA

AZERBAIYÁN

BAHAMAS

BAHREIN

BANGLADESH

BARBADOS

BIELORRUSIA

ESTADOS AUSTRALIANOS

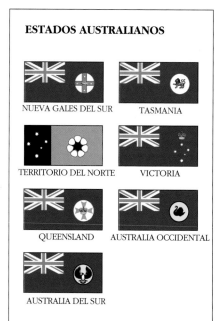

NUEVA GALES DEL SUR

TASMANIA

TERRITORIO DEL NORTE

VICTORIA

QUEENSLAND

AUSTRALIA OCCIDENTAL

AUSTRALIA DEL SUR

BELICE

BENIN

BUTÁN

BOLIVIA

BOSNIA

BOTSWANA

BRASIL

BRUNEI

BULGARIA

BURKINA FASO

BURUNDI

BÉLGICA

CAMBOYA

CAMERÚN

CANADÁ

CABO VERDE

REP. CENTROAFRICANA

CHAD

CHILE

CHINA

COLOMBIA

COMORES

CONGO

COSTA RICA

COMUNIDADES AUTÓNOMAS DE ESPAÑA

ANDALUCÍA

ARAGÓN

PRINCIPADO DE ASTURIAS

ISLAS BALEARES

ISLAS CANARIAS

CANTABRIA

CASTILLA Y LEÓN

CASTILLA-LA MANCHA

CATALUÑA

PAÍS VASCO

EXTREMADURA

GALICIA

LA RIOJA

COMUNIDAD DE MADRID

REGIÓN DE MURCIA

COMUNIDAD FORAL
DE NAVARRA

COMUNIDAD VALENCIANA

COSTA DE MARFIL

DOMINICA

ETIOPÍA

ALEMANIA

GUYANA

JAMAICA

CROACIA

REPÚBLICA DOMINICANA

FIJI

GHANA

HAITÍ

JAPÓN

CUBA

ECUADOR

FINLANDIA

GRECIA

HONDURAS

JORDANIA

CHIPRE

EGIPTO

FRANCIA

GRANADA

HUNGRÍA

KAZAJSTÁN

REPÚBLICA CHECA

EL SALVADOR

GABÓN

GUATEMALA

INDIA

INDONESIA

ISLANDIA

KENIA

DINAMARCA

GUINEA ECUATORIAL

GAMBIA

GUINEA

IRÁN

KIRIBATÍ

YIBUTI

ESTONIA

GEORGIA

GUINEA–BISSAU

IRAK

IRLANDA

ISRAEL

ITALIA

KIRGUIZISTÁN

COREA DEL NORTE

COREA DEL SUR

KUWAIT

LAOS

LETONIA

MALÍ

NAMIBIA

PAPÚA-NUEVA GUINEA

SAN VICENTE
Y GRANADINAS

SUDÁFRICA

LÍBANO

MALTA

NAURÚ

PARAGUAY

SAN MARINO

ESPAÑA

LESOTHO

MAURITANIA

NEPAL

PERÚ

SANTO TOMÉ Y PRÍNCIPE

SRI LANKA

LIBERIA

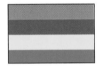

MAURICIO

PAÍSES BAJOS

FILIPINAS

ARABIA SAUDÍ

SUDÁN

LIBIA

MÉXICO

NUEVA ZELANDA

POLONIA

SENEGAL

SURINAM

LIECHTENSTEIN

MOLDAVIA

NICARAGUA

PORTUGAL

SEYCHELLES

SWAZILANDIA

LITUANIA

MÓNACO

NÍGER

QATAR

SIERRA LEONA

SUECIA

LUXEMBURGO

NIGERIA

RUMANÍA

SINGAPUR

SUIZA

MADAGASCAR

MONGOLIA

NORUEGA

FEDERACIÓN RUSA

REPÚBLICA ESLOVACA

SIRIA

MALAWI

MARRUECOS

OMÁN

RUANDA

ESLOVENIA

TADZJIKISTÁN

MALAISIA

MOZAMBIQUE

PAQUISTÁN

SAN CRISTÓBAL Y NEVIS

ISLAS SALOMÓN

TAIWÁN

MALDIVAS

MYANMAR

PANAMÁ

SANTA LUCÍA

SOMALIA

TANZANIA

BANDERAS DE ESTADOS Y TERRITORIOS DE ESTADOS UNIDOS

ALABAMA

DELAWARE

IOWA

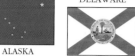
MICHIGAN

NEW HAMPSHIRE

OKLAHOMA

TEXAS

WASHINGTON

ALASKA

FLORIDA

KANSAS

MINNESOTA

NEW JERSEY

OREGON

UTAH

VIRGINIA OCCIDENTAL

ARIZONA

GEORGIA

KENTUCKY

MISSISSIPPI

NUEVO MÉXICO

PENNSYLVANIA

VERMONT

WISCONSIN

ARKANSAS

HAWAI

LOUISIANA

MISSOURI

NUEVA YORK

RHODE ISLAND

VIRGINIA

WYOMING

CALIFORNIA

IDAHO

MAINE

MONTANA

CAROLINA DEL NORTE

CAROLINA DEL SUR

COLORADO

ILLINOIS

MARYLAND

NEBRASKA

DAKOTA DEL NORTE

DAKOTA DEL SUR

CONNECTICUT

INDIANA

MASSACHUSETTS

NEVADA

OHIO

TENNESSEE

Las banderas de los estados americanos se dividen en cinco categorías: las que datan de la Guerra de Independencia (Nueva York); las basadas en la bandera de la Confederación (Florida); las anteriores a la Unión o procedentes de países a los que pertenecieron (Utah); las derivadas de los colores de la milicia (Ohio) y las derivadas de concursos (Alaska).

TAILANDIA

TONGA

TUVALÚ

ESTADOS UNIDOS

VENEZUELA

ZAIRE

TOGO

TRINIDAD Y TOBAGO

UGANDA

URUGUAY

VIETNAM

ZAMBIA

PAÍSES DEL REINO UNIDO

INGLATERRA

TÚNEZ

UCRANIA

UZBEKISTÁN

SAMOA OCCIDENTAL

ZIMBABWE

ESCOCIA

TURQUÍA

EMIRATOS ÁRABES UNIDOS

VANUATÚ

YEMEN

Las banderas han sido verificadas por el Centro de Investigación de Banderas, Winchester, Mass 01890 EE UU.

GALES

TURMEKISTÁN

REINO UNIDO

CIUDAD DEL VATICANO

YUGOSLAVIA

Todas las banderas aquí mostradas son banderas nacionales reconocidas por las Naciones Unidas.

GLOSARIO

Las palabras en **negrita** hacen referencia a otras entradas en el **Glosario** o **Diccionario Geográfico**.

Aborígenes: Los habitantes originarios de **Australia**.

Agricultura de subsistencia: Agricultores que cultivan solamente productos suficientes para alimentar a sus propias familias, pero no obtienen excedentes para vender.

ALADI: Asociación Latinoamericana de Integración (también conocida como LAIA), una comunidad de libre mercado establecida en 1980 por países de América del Sur.

Alza: Período de creciente actividad económica; lo contrario de declive.

ASEAN: Asociación de Naciones del Sudeste de Asia, fundada en 1967. Los miembros son Brunei, **Indonesia** y **Malaisia**, **Filipinas**, **Singapur** y **Tailandia**.

Autocracia: Gobierno de una sola persona, un gobernante absoluto o **dictador**.

Balanza de Pagos: Diferencia entre las exportaciones y las importaciones de un país.

Baja: Declive en el comercio e industria que provoca cierres de empresas y desempleo.

Benelux: Unión económica formada en 1948 por **Bélgica**, los **Países Bajos** y Luxemburgo.

Bundestag: Parlamento de **Alemania**.

Capital: Dinero o propiedades poseídas por una persona u organización.

CARICOM: Comunidad y Mercado Común del Caribe, fundada en1973. Está formada por la mayor parte de los estados islas del Caribe, a excepción de Cuba.

Casa de Moneda: Fábrica controlada por el gobierno para fabricar billetes y monedas.

CEEAO: Comunidad Económica de Estados de África Occidental, fundada en 1975, con sede en **Nigeria**.

Colonia: Territorio gobernado total o parcialmente por una nación.

Combustibles fósiles: Combustibles de hidrocarbono como el petróleo, gas y carbón. Estas fuentes se agotarán con el tiempo.

Commonwealth: Asociación de estados anteriormente bajo gobierno británico, que data de 1949, aunque sus orígenes se remontan a los inicios del Imperio Británico. Los jefes de estado se reúnen cada dos años. El monarca británico es el jefe simbólico de la Commonwealth. Su miembro más reciente es **Namibia**.

Comunes, Camara de los: Cuerpo legislativo del Parlamento británico, para el que los Miembros del Parlamento (MPs) son elegidos de forma democrática.

Comunidad de Estados Independientes (CEI): Formada en 1991 en un intento de conservar una asociación de repúblicas independientes exsoviéticas, que siguió a la ruptura de la **Unión Soviética**.

Congreso: Asamblea legislativa o parlamento de **EE UU**, formado por la Cámara de los Representantes y el Senado.

Consejo de Cooperación Internacional: Establecido en 1981 por los estados árabes del Golfo Pérsico.

Consejo de Seguridad: Cuerpo de las Naciones Unidas formado por 15 países dedicado a mantener la paz y la seguridad en el mundo. Los cinco miembros permanentes son **China**, **Francia**, **Rusia**, **Reino Unido** y **EE UU**; los otros diez miembros son elegidos por períodos de dos años.

Cortes: Parlamento de **España**.

Cultivos comerciales: Cultivos dedicados a la venta, a menudo para exportaciones, más que al consumo propio del agricultor.

Dail: Parlamento de **Irlanda**.

Derechos civiles: Libertades que los individuos deberían disfrutar, como la libertad de expresión y culto o el derecho a no ser encarcelado sin motivos.

Derecho de aduana: Impuesto pagado por **importaciones** o **exportaciones**.

Deuda: Dinero que debe una persona, negocio o país.

Dictador: Gobernante con autoridad total sobre un país; un puesto con frecuencia obtenido al derrocar a las autoridades legislativas.

Distensión: Suavizamiento de la tensión política o desavenencias entre países.

Economía de mercado: Sistema en el que los individuos y negocios controlan la inversión y la producción.

Economía dirigida: Sistema económico en que la agricultura, comercio e industria están dirigidos desde el gobierno central, como la antigua **URSS** bajo el comunismo.

EFTA: Asociación Europea de Libre Comercio, fundada en 1960 (**Austria**, **Islandia**, **Noruega**, **Suecia**, **Finlandia** y **Suiza**). Entró en acuerdos de libre comercio con la **CE** en 1973.

Empresa privada ver **Economía de mercado**.

Energía oceánica: Contener las mareas oceánicas en una barrera o presa para poner en marcha generadores que producen energía.

Energía solar: Energía obtenida de la luz solar, por ejemplo, mediante paneles de calefacción en los tejados de las casas.

Estados G7: Grupo informal de siete naciones occidentales: **Canadá**, **Francia**, **Alemania**, **Japón**, **Italia**, **Reino Unido** y **Estados Unidos**.

Exportaciones: Artículos que un país vende a otro país.

FAO: Organización para la Alimentación y la Agricultura de las **Naciones Unidas**.

Federación: Grupo de estados con cierto autogobierno aunque con algunos asuntos (como la defensa) gobernados por una autoridad central.

Fertilizantes: Sustancias añadidas a la tierra para potenciar la producción de las cosechas; pueden ser productos químicos artificiales o naturales, como el estiércol.

FMI: Fondo Monetario Internacional, una agencia de las **Naciones Unidas**.

GATT: Acuerdo General sobre Aranceles y Comercio, tratado (1948) firmado por unos 100 países, para promover el comercio entre ellos.

Guerra Civil: Guerra entre diferentes grupos que viven en un mismo país.

Guerra de las Galaxias: Nombre popular para la Iniciativa de Defensa Estratégica de EE UU, un sistema defensivo antimisiles. Los trabajos para la puesta en funcionamiento de este costoso sistema comenzaron a principios de la década de 1980, pero fueron decelerados cuando las relaciones entre **EE UU** y la **Unión Soviética** mejoraron.

Guerra del Golfo: Mantenida en 1991 entre **Irak** y la coalición internacional de aliados (que incluía estadounidenses, canadienses, franceses y árabes) respaldada por las **Naciones Unidas**. Estalló como consecuencia de la invasión iraquí de **Kuwait** en 1990. Irak se retiró de Kuwait y sufrió pérdidas considerables.

Guerra Fría: Desconfianza mutua entre los países comunistas y no comunistas posterior a la Segunda Guerra Mundial. Alcanzó su punto álgido en los años 50, cuando **EE UU** y la **URSS** acumularon inmensas fuerzas como bombas nucleares y misiles; acabó en la década de 1990.

Guerrilla: Soldados irregulares (no pertenecientes al ejército), que normalmente luchan en una rebelión o **guerra civil**.

Importaciones: Artículos que un país compra a otros países.

Impuesto sobre ventas: Impuesto sobre artículos producidos o vendidos dentro del país de origen.

Interés: Precio pagado por usar el dinero de otros.

Kurdos: Pueblo de Oriente Medio sin territorio propio. Los kurdos viven en **Turquía** e **Irak**. La situación de los kurdos iraquíes durante y después de la **Guerra del Golfo** de 1991 trajo sus apremiantes problemas a primera plana de la atención internacional.

Liga de Estados Árabes: Conocida como la Liga Árabe, fundada en 1945 por países árabes para fomentar los lazos culturales y económicos entre estados árabes. También representa a los estados miembros en algunas organizaciones internacionales.

Mano de obra: Personas que trabajan por un sueldo en fábricas, granjas, oficinas, etc.

MCAC: Mercado Común de América Central, fundado en 1960.

Mercado Común: Grupo de países que han formado una alianza económica, para favorecer el mercado libre entre ellos.

Mercancía: Todo lo que se produce para la venta.

Monarca: Gobernante hereditario, como un rey, reina o emperador.

Moneda: El dinero de un país; algunos ejemplos son el marco alemán, la libra británica, el franco francés, la peseta española y el dólar estadounidense.

Muro de Berlín: Barricada en **Berlín, Alemania**, construida en 1961 por el gobierno comunista de Alemania Oriental para evitar que los ciudadanos huyeran hacia el oeste. El muro se abrió en Noviembre de 1989, después del colapso del comunismo en Alemania del este.

Nación en desarrollo: Un país pobre que está levantando industrias y modernizando su agricultura.

Nacionalismo: Creencia en la idea de que se debería conservar una identidad nacional.

Naciones Unidas (ONU): Organización internacional, formada (1945) para promover la paz mundial. En 1991 tenía 166 naciones miembros. Su sede está en **Nueva York**, **EE UU**.

OCDE: Organización para la Cooperación y el Desarrollo Económico, fundada (1961) para promover el bienestar social y económico de los países miembros. La sede está en **París**, **Francia**. Los miembros incluyen la mayoría de los estados europeos occidentales, **Japón**, **Australia**, **Canadá** y **EE UU**.

OEA: Organización de 35 Estados Americanos, fundada en 1948, con sede en **Washington D. C.**, **EE UU**. **Cuba** fue excluida de las actividades de la OEA en 1962.

OMS: Organización Mundial de la Salud, una agencia de la **ONU** encargada de luchar contra la enfermedad y mejora de los niveles de salud.

OPEP: Organización de Países Exportadores de Petróleo, fundada (1960) por los estados productores de petróleo para coordinar la producción y precios del crudo.

OTAN: Organización del Tratado del Atlántico Norte, una alianza militar fundada (1949) por naciones occidentales para defender Europa y el Océano Atlántico Norte de la agresión militar de la **Unión Soviética**.

OUA: Organización para la Unidad Africana, fundada (1963) para promover la unidad y cooperación africana. En 1991 contaba con 50 países miembros. La sede se encuentra en Addis Abeba, Etiopía.

Pacífico Sur: Forum fundado en 1971 para una mayor cooperación entre las naciones del Pacífico. Incluye a **Australia**, **Nueva Zelanda**, Papúa-Nueva Guinea y otras islas estado.

Pacto de Varsovia: Antigua alianza militar (1955) de los países comunistas europeos, bajo el liderazgo de la **Unión Soviética**. Fue disuelta en 1991.

Presidente: Cabeza de estado o gobierno de una república. Elegido normalmente por votación.

Producto: Cualquier cosa que se fabrica.

Producto Interior Bruto: Medio de calcular la fuerza económica de un país; la suma de todo el volumen de producción (dinero gastado, mercancía vendida, ingresos) anual.

Producto Nacional Bruto: El PNB es el producto interior bruto más todos los ingresos que un país recibe del extranjero.

Racismo: Repulsión, tratamiento injusto y persecución de un pueblo por otro por razones de raza.

Referéndum: Votación nacional sobre un asunto en particular.

Refugiado: Persona obligada a huir de su patria por la guerra o desastres naturales.

Sanciones: Retirada de mercancías o servicios como castigo o como medio de persuasión. En los últimos años, las Naciones Unidas han llevado a cabo contra **Irak**, **Sudáfrica** y **Yugoslavia**, prohibiendo el comercio de ciertos productos con esos países.

Santo patrón: Santo cristiano que, según los fieles creyentes, cuida de modo especial de ciertas cosas: por ejemplo,

San Cristóbal es el santo patrón de los viajeros; San Patricio es el santo patrón de **Irlanda**.

Secretario General de la ONU: Jefe administrativo de las **Naciones Unidas**.

Secta: En religión, un grupo de personas pertenecientes a una fe, pero con creencias y prácticas propias.

START: Tratado de Reducción de Armas Estratégicas, firmado en 1990 por **EE UU** y la **URSS** para recortar el número de misiles.

Superpotencia: Países como **EE UU** y la antigua **URSS** que tienen el poder para dominar la política mundial.

Tercer Mundo, El: Término empleado para describir a los países en desarrollo de África, Asia y América Latina; originalmente, aquellos países que no apoyaron a Occidente o a la **Unión Soviética** durante la **Guerra Fría**.

Territorio dependiente: Uno gobernado por otro, por ejemplo una **colonia**.

Tratado: Acuerdo escrito entre dos o más naciones.

Tribunal Internacional de Justicia: Un tribunal de las **Naciones Unidas** con 12 jueces elegidos, que tiene su sede en La Haya, Países Bajos.

UNESCO: Organización de las Naciones Unidas para la Organización Educativa, Científica y Cultural. La organización es una agencia de la **ONU** para promover el intercambio de información, ideas y cultura. Tiene su sede en **París**.

UNICEF: La Fundación de Ayuda a los Niños fue establecida por las **Naciones Unidas** para ayudar a los gobiernos a cubrir las necesidades del bienestar de la infancia. Su sede está en **Nueva York**.

Unión Europea (UE): Mercado libre y unión aduanera originalmente establecida por el tratado ECSC de 1952. Sus miembros originales fueron **Bélgica**, **Francia**, **Alemania**, **Italia**, Luxemburgo y los **Países Bajos**. En 1996 la UE estaba compuesta por 15 miembros (que incluían entre otros al **Reino Unido**, **Dinamarca**, **Irlanda**, **Grecia**, **España** y **Portugal**) y se estaba expandiendo hacia una unión económica y política.

Unión Soviética: La antigua Unión de Repúblicas Socialistas Soviéticas (URSS); las antiguas repúblicas de la URSS son ahora países independientes de la **CEI**.

Wall Street: Calle situada en Manhattan, **Nueva York**, **EE UU**, donde se encuentra la Bolsa de Nueva York y otras muchas instituciones financieras. Su nombre se utiliza con frecuencia para hacer referencia general a mercados monetarios norteamericanos.

DICCIONARIO GEOGRÁFICO

Afganistán: República del suroeste de Asia; ha sufrido una larga guerra civil entre el gobierno y la guerrilla fundamentalista islámica, además de la invasión de las tropas soviéticas (1979–1989).

Albania: Pequeño país del sudeste de Europa; un estado comunista desde el fin de la II Guerra Mundial hasta inicios de la década de 1990.

Alemania: Nación industrial con más éxito de Europa; reunificada en 1990 después de haber estado dividida en dos países (Alemania Oriental y Occidental) desde el fin de la II Guerra Mundial en 1945.

Amazonas: El río más importante de América del Sur. El segundo río más largo del mundo (6 448 km).

Amsterdam: Capital de los Países Bajos.

Arabia: Península del suroeste de Asia; el Desierto Arábigo es el tercero mayor del mundo.

Arabia Saudí: Reino rico en petróleo del suroeste de Asia; ocupa la mayor parte de la Península Arábiga.

Argentina: República de América del Sur; una colonia española hasta 1816. Entró en guerra con Gran Bretaña en 1982 a causa de su reclamación de las **Islas Malvinas**.

Australia: Continente y mayor isla–país del Océano Pacífico; inicialmente una colonia británica, en 1901 se convirtió en una federación independiente de estados.

Austria: República de Centroeuropa.

Balcanes: Península montañosa del sudeste de Europa.

Bangladesh: País del subcontinente indio. Formó parte de la **India** desde 1857 hasta 1947, cuando pasó a ser **Paquistán Oriental**; en 1971 se convirtió en una república independiente.

Beijing (Pekín): Capital de **China**.

Bélgica: País de Europa occidental; la población habla flamenco (un dialecto holandés) y francés.

Berlín: Capital de **Alemania**.

Birmania *ver* **Myanmar**

Bolivia: País sin salida al mar situado en el centro de América del Sur; una colonia española hasta 1825.

Borneo: Gran isla de Asia, que incluye Brunei y partes de **Malaisia** e **Indonesia**; la tercera mayor isla del mundo.

Bosnia–Herzegovina: Antigua república yugoslava, en la actualidad un estado independiente.

Brasil: País más grande de América del Sur y la quinta nación mayor del mundo; colonia portuguesa hasta 1826.

Bretaña: Región más occidental de **Francia**, que forma una península entre el Golfo de Vizcaya y el Canal de la Mancha.

Bruselas: Capital de **Bélgica** y sede de la UE.

Bucarest: Capital de **Rumanía**.

Budapest: Capital de **Hungría**.

Bulgaria: País del suroeste de Europa; estado comunista hasta el colapso de la URSS en 1989.

Cairo, El: Capital de **Egipto**.

Calcuta: Ciudad más grande de la **India**.

California: Estado de EE UU con mayor número de habitantes (aprox. 30 millones).

Camboya (Kampuchea 1976–1989): País del sudeste de Asia que se recupera de una guerra civil (1970–1975) en la que murieron millones de personas.

Canadá: Segunda nación mayor del mundo después de Rusia; ocupa la parte septentrional de América del Norte a excepción de Alaska. Su densidad de población es menor de 3 personas por km^2.

Canberra: Capital de **Australia**.

Cerdeña: Gran isla del Mar Mediterráneo, parte de **Italia**.

Checoslovaquia: País del este de Europa que abandonó el gobierno comunista en 1989. En 1990 cambió su nombre a República Federal Checa y Eslovaca, lo que inició discusiones sobre la eventual división del país en dos países independientes.

Chicago: Tercera ciudad más grande de EE UU, situada a orillas del Lago Michigan, Illinois.

Chile: País que desciende por el oeste de América del Sur; una colonia española hasta 1818.

China: Tercer país mayor del mundo en superficie y el que tiene mayor número de habitantes; bajo gobierno comunista desde 1949.

Chipre: Gran isla del Mediterráneo, con población de origen griego y turco; una república desde 1960, aunque la parte norte de la isla está ocupada por **Turquía** desde 1974.

Ciudad del Cabo: Importante puerto y capital administrativa de Sudáfrica.

Ciudad del Vaticano: Estado pontificio independiente situado en **Roma**; sede del gobierno de la Iglesia Católica Romana.

Colombia: País del noroeste de América del Sur; una colonia española hasta comienzos del siglo XIX.

Corea, Norte y Sur: País de Asia Oriental. En 1948 se declararon repúblicas independientes. En la Guerra de Corea (1959–1963), la ONU apoyó a Corea del Sur y la China comunista apoyó a Corea del Norte.

Croacia: Antigua república yugoslava, ahora independiente.

Danubio: Río de Europa (nace en **Alemania** y fluye en dirección Este hacia el Mar Negro a lo largo de 2 850 km).

Dublín: Capital de la República de **Irlanda**.

Ecuador: País situado en el ecuador, al noroeste de América del Sur; una colonia española hasta 1822.

Egipto: República árabe del nordeste de África; en la década de 1980 y 1990 líder en el proceso de pacificación para poner fin a las hostilidades entre los estados árabes e Israel.

Elbrus: Monte de la Cordillera del Cáucaso; el pico más alto de Europa (5 633 m).

Eritrea: Antigua región de Etiopía. En la actualidad país independientes desde 1991.

Escandinavia: Nombre empleado para designar los cuatro países con vínculos cercanos del norte de Europa: **Dinamarca**, **Finlandia**, **Noruega**, **Suecia**. **Islandia** se incluye con frecuencia como parte de Escandinavia.

Eslovenia: Antigua república yugoslava, ahora independiente.

España: País del suroeste de Europa, que ocupa la mayor parte de la Península Ibérica. España volvió a ser una monarquía en 1975; fue una república (1931–1939) y una dictadura bajo Franco (1939–1975).

Estados Bálticos: Antiguas repúblicas soviéticas de Estonia, Letonia y Lituania.

Estados Unidos: País que ocupa la mayor parte del sur de América del Norte; el cuarto país más grande del mundo, contiene 50 estados y el Distrito federal de Columbia. Desde la II Guerra Mundial ha sido la potencia líder económica y militar del mundo.

Estocolmo: Capital de **Suecia**.

Everest: Montaña más alta del mundo (8 848 m), situada en los Himalayas en la frontera del Tibet y Nepal.

Filipinas: República del sudeste de Asia, compuesta por más de 7 000 islas.

Finlandia: País del nordeste de Europa; declaró su independencia de **Rusia** en 1917 y ha seguido siendo neutral desde la II Guerra Mundial.

Francia: Gran país del oeste de Europa; una de las naciones más ricas y poderosas de Europa.

Ganges: Río del norte de **India**, sagrado para los hindúes.

Gibraltar: Punta rocosa situada en el extremo sur de **España**; una colonia británica desde 1713.

Gobi: Desierto situado en **Mongolia** y **China**; el cuarto mayor desierto del mundo.

Gran Cañón, Arizona, EE UU : La garganta más larga del mundo (unos 350 km), formada por el Río Colorado.

Grecia: País del sudeste de Europa, compuesto por una península y muchas islas; una república desde 1973.

Groenlandia: Parte de **Dinamarca** con autogobierno y la isla más grande del mundo (a excepción de Australia).

Himalayas: La gran cordillera montañosa de Asia que se extiende a lo largo de más de 1 600 m y contiene los picos más altos del mundo. *Ver* **Everest.**

Hiroshima: Ciudad de **Japón** destruida en 1945 durante la II Guerra Mundial por la primera bomba atómica.

Hokkaido: La más meridional de las cuatro islas principales de **Japón.**

Hong Kong: Colonia británica en la costa sudeste de **China**, que debe ser devuelta a China en 1997.

Honshu: Isla principal y más grande de **Japón.**

Hungría: País de Centroeuropa; bajo influencia de la Unión Soviética desde el fin de la II Guerra Mundial. Hungría abandonó el comunismo por un gobierno democrático.

India: El segundo país del mundo y de Asia en número de habitantes, y la mayor democracia del mundo.

Indias Occidentales: Grupo de islas cercanas a la costa de América del Norte y del Sur del Mar Caribe; entre ellas se encuentra Jamaica, Barbados, Cuba y Puerto Rico.

Indonesia: Gran grupo de islas del sudeste de Asia; las islas principales son Java, Sumatra, Borneo del Sur y Nueva Guinea Occidental (Irian Jaya).

Irak: República islámica del **Oriente Medio**; un reino (bajo administración británica) hasta 1958. Irak estuvo en guerra con **Irán** (1980–1988), bajo el poder de Sadam Hussein. Después de invadir **Kuwait** (1990), Irak se enfrentó a una fuerza de coalición internacional en la Guerra del Golfo, en 1991.

Irán: República islámica de **Oriente Medio**. Tras la caída del Sha en 1979, el Ayatolá Jomeini fue el líder de Irán; mantuvo una larga guerra con su vecina Irak (1980–1988).

Irlanda: La República de Irlanda ocupa cuatro quintos de una isla situada al oeste de Gran Bretaña; un estado independiente desde 1921.

Islas Baleares: Un grupo de islas mediterráneas entre las que destaca Mallorca, Menorca e Ibiza; una comunidad autónoma de **España**.

Islas Canarias: Grupo de islas del Océano Atlántico pertenecientes a **España**.

Islas del Canal: Islas geográficamente próximas a Francia, pero parte del R U.

Islas Malvinas: Grupo de islas del Atlántico Sur, una colonia del R U desde 1833. **Argentina** ha disputado desde siempre la soberanía británica, lo que llevó a una breve ocupación argentina en 1982.

Islandia: Isla del Atlántico Norte; un país escandinavo, ha sido una república independiente desde 1944.

Israel: Estado judío en lo que era antes Palestina bajo gobierno británico. Israel fue fundado en 1948, y desde entonces ha mantenido cuatro guerras con sus vecinos árabes. Es el país más industrializado del **Oriente Medio**, especialmente en textiles.

Italia: País del sur de Europa; una república desde 1946.

Japón: País de Asia oriental; es la potencia económica líder de la región y nación más importante en el panorama comercial mundial.

Java: Isla más poblada de Indonesia, con el 60% de la población del país.

Jordania: Reino árabe de **Oriente Medio**.

Kenia: República de África Oriental; una de las naciones más prósperas de África.

Kilimanjaro, Tanzania: Montaña más alta de África (5 895 m.).

Kuwait: Emirato de **Oriente Medio** rico en petróleo; invadido por **Irak** en 1990 y liberado por una coalición internacional después de la breve Guerra del Golfo de 1991.

Kyushu: La más meridional de las principales islas del **Japón.**

Lago Superior: Lago más extenso de América del Norte, a (82 103 km²).

Lago Victoria: Lago más extenso de África (69 500 km²)

Laponia: La región más septentrional de **Escandinavia**; habitada por lapones.

Líbano: País del **Oriente Medio**; un centro comercial próspero para la región; una larga guerra civil en la década de 1970 y 1980 la convirtió en uno de los países más problemáticos del mundo.

Libia: República del norte de África rica en petróleo; Libia ha tenido relaciones difíciles con otros países desde 1950 hasta los años 90.

Londres: Capital del Reino Unido.

Los Angeles: Segunda ciudad más grande de EE UU; Hollywood, centro de la industria cinematográfica americana, es un barrio.

Macedonia: Pequeña república de la antigua Yugoslavia que busca la independencia; también una región de **Grecia**.

Madagascar: País situado a poca distancia de la costa oriental de África; la cuarta isla más grande del mundo.

Madrid: Capital de **España**.

Malaisia: País compuesto por una confederación de estados situado al sudeste de Asia.

Mar Caspio: El lago más grande del mundo (371 800 km²); situado en Asia.

Marsella: Importante puerto mediterráneo del sur de **Francia**.

México: País de América Central; estuvo bajo gobierno español hasta 1821.

México, D. F.: Capital de **México** y la segunda ciudad más poblada del mundo.

Mississipi: Río más largo de América del Norte (aprox. 3 779 km).

Mont Blanc, Francia/Italia: Montaña más alta de Europa occidental (4 807 m).

Monte McKinley, Alaska: Monte más alto de América del Norte (6 194m.).

Monte St. Helens: Volcán del estado de Washington, EE UU; entró en erupción en 1980 después de haber estado inactivo desde 1857.

Montreal: Ciudad de Quebec, **Canadá**; la ciudad más grande de Canadá; también la mayor ciudad francoparlante fuera de Francia.

Moscú: Capital de **Rusia**.

Mozambique: País de la costa este de África, en el pasado una colonia portuguesa; ha sufrido una guerra civil desde la década de 1980.

Myanmar: Anteriormente Birmania, país del sudeste de Asia que ha tenido un estricto gobierno militar desde la década de 1960 y poco contacto con el mundo exterior desde entonces.

Namibia: País del suroeste de África, gobernado por **Sudáfrica** (en contra de los deseos de la ONU) hasta 1990.

Nueva Guinea: Isla mayor del Océano Pacífico y segunda más grande del mundo; políticamente está dividida en Irian Jaya (una provincia indonesia) en la mitad occidental, y **Papúa-Nueva Guinea** en la mitad oriental.

Nueva York: Mayor ciudad y puerto más importante de EE UU; la isla de Manhattan es el centro cultural y comercial de la ciudad.

Nueva Zelanda: País del Pacífico Sur formado por las Islas del Norte y del Sur y otras islas más pequeñas; una antigua colonia británica, consiguió la independencia total en 1931.

Niágara: Cataratas gemelas de América del Norte, entre **Canadá** y **EE UU** (altura máxima de 50 m, y 760 m de anchura en la parte canadiense).

Nicaragua: País más grande de América Central, república desde 1838, fue arrasado por la revolución durante la década de 1970 y 1980.

Nigeria: País de África occidental. Bajo influencia británica en los siglos XVIII y XIX, independiente desde 1976; país más poblado de África.

Nilo: Río más largo del mundo (6 670 km).

Noruega: Monarquía que ocupa la parte norte y oeste de **Escandinavia**.

Oriente Medio: Región que incluye países situados entre el Próximo y Extremo Oriente desde **Egipto**, en África, hasta **Irán**, en el suroeste de Asia.

Otawa: Capital de **Canadá**.

Paises Bajos: País (con frecuencia llamado Holanda) del oeste de Europa.

Paquistán: País del sur de Asia; parte de la **India** hasta 1947, cuando se convirtió en un estado islámico independiente. En 1971 Paquistán Oriental pasó a ser **Bangladesh**.

Paraguay: País del centro de América del Sur sin salida al mar; consiguió su independencia de **España** en 1811.

París: Capital de **Francia**.

Patagonia: Meseta fría y seca situada en la punta de América del Sur; la región forma parte del sur de **Argentina** y **Chile**.

Península Ibérica: Nombre que recibe la península suroccidental de Europa, que contiene **España** y **Portugal**.

Pirineos: Cadena de montañas que separa **Francia** y **España**.

Polonia: País de Europa oriental; bajo influencia de la URSS desde el fin del II Guerra Mundial, Polonia abandonó el comunismo a fines de la década de 1980.

Portugal: País del suroeste de Europa; una república que ocupa la parte occidental de la **Península Ibérica**.

Quebec: Provincia francófona de **Canadá**.

Reino Unido: Reino de Gran Bretana (Inglaterra, Escocia y Gales) e Irlanda del Norte (desde 1922).

Rhin: Río importante del oeste de Europa (1 320 km), que fluye desde **Suiza**, a través de **Alemania**, hasta llegar al Mar del Norte atravesando los **Países Bajos**.

Rhur: Región industrial del oeste de **Alemania** y el mayor centro de manufactura de Europa.

Río Zaire (anteriormente el Congo): Segundo río más largo de África (4 700 km) .

Roma: Capital de **Italia**.

Rotterdam: El puerto más grande de los **Países Bajos** y de Europa .

Rumanía: País del sudeste de Europa; después del II Guerra Mundial, Rumanía pasó a ser un estado comunista, hasta la caída (1989) del dictador comunista Ceaucescu.

Rusia: La república más grande de las que componen la antigua Unión Soviética; un estado independiente desde 1991.

Sáhara: Desierto más grande del mundo; ocupa gran parte del norte de África.

Salto del Ángel, Venezuela: Catarata más alta del mundo (978 m).

San Marino: República independiente más pequeña del mundo, proclama ser el estado independiente más antiguo de Europa (desde el siglo IV a. C.).

San Petersburgo: Antigua Leningrado (1924–1991), segunda ciudad y antigua capital de **Rusia**.

Serbia: República dominante (por número de habitantes) de la antigua Yugoslavia.

Sicilia: Gran isla del Mar Mediterráneo, parte de **Italia**.

Sidney: Ciudad más grande y puerto más importante de **Australia**.

Singapur: Pequeña república próspera a poca distancia del extremo sur de la Península Malaya, al sudeste de Asia; formada por la isla de Singapur y más de 50 islas pequeñas.

Siria: País de **Oriente Medio**; una república árabe desde 1941.

Somalia (República Somalí): País del nordeste de África; dividido por la guerra civil desde 1988.

Sri Lanka: Isla próxima a la costa de la **India**, al sur de Asia (anteriormente Ceilán); independiente desde 1972.

Sudáfrica: República del sur de África. Hasta el inicio de las reformas, a finales de la década de 1980, la mayoría de la población de color tenía pocos derechos, y estaban gobernados por un gobierno minoritario blanco que mantenía un sistema de apartheid (separación de razas).

Sudán: País más grande de África; independiente desde 1956,ha sufrido una prolongada guerra civil.

Suecia: Monarquía que ocupa la parte nordeste de **Escandinavia**.

Suiza: Pequeño y próspero país de Europa central; dividida en zonas (cantones) de habla francesa, alemana e italiana; fue neutral en las dos Guerras Mundiales.

Tailandia: País del sudeste de Asia (conocida como Siam hasta1939).

Taiwán (China nacionalista): Isla república, anteriormente llamada Formosa, próxima a la costa de **China**.

Tokio: Capital de **Japón** y la ciudad más grande del mundo.

Toronto: Ciudad más grande de **Canadá**.

Turquía: República del suroeste de Asia, con una pequeña región en el sudeste de Europa.

Ucrania: País independiente en la frontera de Europa y Asia; una república de la URSS hasta 1990.

Uruguay: País de América del Sur; una antigua colonia española que consiguió su independencia en 1825.

Venezuela: País del norte de América del Sur; en otro tiempo colonia española, consiguió su independencia en 1830.

Viena: Capital de **Austria**.

Vietnam: República del sudeste de Asia, escenario de una amarga lucha desde 1946 (contra el gobierno colonial francés) y desde 1959 entre Vietnam del Norte y del Sur. EE UU tomó parte en la Guerra de Vietnam, que llegó a su fin en 1975 con la victoria del Norte comunista, y a la que siguió la unificación de Norte y Sur.

Volga: Río más largo de Europa (3 531 km).

Washington D. C.: Capital de **Estados Unidos**; D. C. significa Distrito de Columbia.

Wellington: Capital de **Nueva Zelanda**.

Yemen: República islámica del sur de Arabia, formada por la unificación de la República Árabe de Yemen y la República Democrática Popular de Yemen (1990).

Zaire: República de África central; segundo país más grande de África. Antes de su independencia, era conocido como el Congo Belga (1908–1960).

Zimbabwe: República del sudeste de África; anteriormente la colonia británica de Rhodesia; independiente desde 1980.

ÍNDICE

N

O

P

Q

R

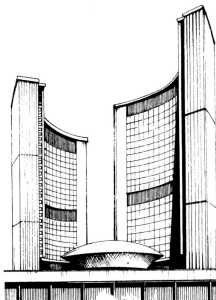

Los editores quieren agradecer a los siguientes artistas su contribución y ayuda
en la preparación de este libro:

Marion Appleton 56–57, 58–59, 60, 76.
Kuo Kang Chen 48–49, 51, 57, 67, 72–73, 79.
Michael Fisher (Garden Studios) 16–17, 26–27,
32–33, 41, 56–57, 76, 77.
Eugene Fleury 10–11, 12–13, 14–15, 18–19, 22–23,
25, 31, 34–35, 36–37, 40–41 44, 46–47, 49,
50–51, 52, 62, 70.
Chris Forsey 18, 20–21, 31, 42–43, 45, 71.
Mark Franklin 74.
Peter Jarvis 60.
Deborah Kindred (Simon Girling and Associates) 65, 75 .
Malcom Porter 48, 66–67, 68, 73.
Michael Roffe 62–63, 69, 79
John Scorey 48, 53, 54–55, 58, 62–63, 64, 70–71, 74.

Los editores quieren agradecer a los siguientes fotógrafos su
contribución y aportación de fotografías a este libro:

Página 12 ZEFA; 16 t Spectrum, b ZEFA; 17 ZEFA; 18 t ZEFA, c ZEFA, b The Hutchison Library;
20 Grisewood & Dempsey; 21 c Richard Powers/Trip b ZEFA; 23 ZEFA; Z5 ZEFA;
26 Spectrum; 27 c ZEFA, b Spectrum; 28 ZEFA; 29Robert Harding Picture Library; 31 ZEFA;
32 ZEFA; 34 t ZEFA, b Christine Osborne Pictures; 38 Robert Harding Picture Library; 39 ZEFA;
41 t ZEFA, c Spectrum; 42 ZEFA; 43 ZEFA; 45 c ZEFA, b P. Gurling/British Antarctic Survey;
50 ZEFA; 51 Robert Harding Picture Library; 53 t Frank Spooner Pictures, b Panos Pictures;
54 ZEFA; 58 t South America Pictures, b Frank Spooner Pictures; 59 The Hutchison Library;
60 Robert Harding Picture Library; 61 t Rex Features, b Edinburgh Festival Fringe;
62 ZEFA; 63 Spectrum; 65 Robert Harding Picture Library; 67 t ZEFA, b Robert Harding Picture Library;
68 Spectrum; 71 Spectrum; 72 Rex Features; 73 British Red Cross; 76 Rex Features;
77 t Mary Evans Picture Library, b Frank Spooner Pictures;
78 t Frank Spooner, b Rex Features: 79 Frank Spooner Pictures.

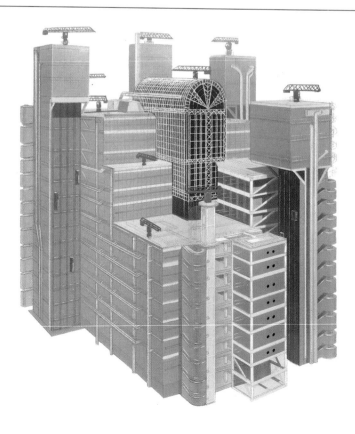